HEYNE
BÜCHER

LEBENSHILFE

Catherine Herriger

Männer
weinen nicht

Die programmierte Impotenz
des Mannes

Originalausgabe

Wilhelm Heyne Verlag
München

HEYNE LEBENSHILFE
Nr. 17/36

3. Auflage

Copyright © 1990 by Wilhelm Heyne Verlag GmbH & Co. KG, München
Printed in Germany 1992
Umschlagillustration: Ramon Gonzalez Teja/The Image Bank, München
Umschlaggestaltung: Christian Diener, München
Satz: Kort Satz GmbH, München
Druck und Bindung: Ebner Ulm

ISBN 3-453-03758-8

Meinen Söhnen, Silvan und Julian —
auf daß sie Männer werden und kein
Abklatsch eines irreführenden Rollenbildes!

*»Die Vaterschaft beruht überhaupt
nur auf der Überzeugung;
ich bin überzeugt, und also bin ich Vater«*

J. W. Goethe

Inhaltsverzeichnis

Vorwort, das durchaus auch als Nachwort gelesen werden kann

Anfang 1989 wurde in Washington, USA, ein Club gegründet für Männer, die im ›Schatten ihrer Frauen‹ leben. Nach seinem Eintrittsgrund befragt, erklärte ein Mitglied, er habe einen Brief erhalten mit der Anschrift seiner Ehefrau als Familienvorstand. Dies hätte ihm schlagartig seinen minderen sozialen Status bewußt gemacht. Und da er sich weigere, hinter seiner Frau zurückzustehen, habe er sich zur aktiven Selbsthilfe entschlossen − er trat dem ›Dennis-Thatcher-Club‹ bei.

Das Ganze mutet uns an wie eine Satire aus weiblicher Feder, um begriffsstutzigen Männern zeitgenössische Geschlechterrollen, karikiert verschoben, zu verdeutlichen. Dabei zitiere ich nur den pragmatisch-kurzen Bericht einer seriösen Wochenzeitung.

Ich füge dem eine statistische Erhebung einer weltbekannten Kosmetikfirma zu, derzufolge immer mehr Männer sich operativ das Gesicht und den Hals straffen lassen ...

Vom medizinischen Standpunkt her weiß ›Mann‹ nun, daß männlichen Schwangerschaften bis ins Jahr 2000 auch nichts mehr im Wege stehen wird. Mit dem Einpflanzen des Fötus am Dickdarm (zwecks Ernährung), eingebettet in einer künstlichen Gebärmutter aus Bauchdecken-Fettschichten, kann ein neues Leben durchaus in einem Männerkörper ausgetragen werden ...

Psychologen und Werbeberater betonen, wie sehr der ›Neue Mann‹ im Kommen ist. Seine Merkmale: sensibler, offener, partnerschaftlicher, familienfreundlicher,

9

verletzlicher, kinderbezogener, zärtlicher, gesprächsfreudiger ... Es scheint, als ob Frauen keine gutfunktionierenden Computerhirne mehr wollen, keine starren Felsen in der Brandung, keine noch so attraktiven Machos, sondern reife und verständnisvolle Partner. Der alte Machtkampf zwischen den Geschlechtern sollte aufhören, gegenseitiger Respekt und damit Gleichberechtigung wird gefordert − ein neues Zeitalter für Mann und Frau erwartet. Das Zeitalter des ›Neuen Mannes‹.

Warum denn geistert der coole, superharte Rambotyp so erfolgreich durch die Medien? Von Sensibilität und Austauschbereitschaft kann da wohl kaum die Rede sein! Führungskräfte lernen Körpersprache und Mimik beherrschen: das kühle ›Pokerface‹ ist gefragter denn je, Emotionen sind out! Scheidungsziffern klettern, viele Männer zwischen vierzig und fünfundfünfzig finden sich alleine: die Frau ist weggegangen, voller Wut und Enttäuschung; zu den Kindern ist keine − oder keine sehr tragfähige − Beziehung entstanden − auch sie sind weg. Der Mann zieht Bilanz und muß feststellen, daß ihm außer einer anspruchsvollen und durch jüngere Konkurrenz ständig gefährdeten Karriere wenig bleibt.

Fälle von Potenzstörungen mehren sich in medizinischen und psychologischen Praxen, Anzeigen über potenz- und erektionsstärkende Wundermittel überschlagen sich im mehr oder weniger diskreten Anpreisen, heiße Sexshows, die nichts mehr offen lassen, und immer brutalere Pornos versprechen dem Mann sicheres Aufgeilen.

Es macht durchaus den Eindruck, als wäre der moderne Mann in seiner männlichen Sicherheit, in seinem Sexualverhalten schwer angeschlagen. Zeichnet sich da ein Trend ab, eine Zeiterscheinung? Oder spricht man offener über ein brandaktuelles, aber eigentlich uraltes

Thema? Ist die Ankündigung des sich entwickelnden ›Neuen Mannes‹ nichts anderes als ein Trostpflaster für frustrierte Frauen und für die gefühlsmäßig, leistungsmäßig und sexuell potenzgestörten Männer?

Haufenweise Fragen ... − versuchen wir doch der komplexen männlichen Sexualität und Seelenwelt etwas auf die Spur zu kommen. Es soll nicht nur dem Mann die Möglichkeit geben, seine Ansicht zur männlich-väterlichen Geschlechterrolle zu überprüfen und vielleicht zu revidieren − es kann durchaus auch der Frau und Partnerin neues, oder überhaupt!, Verständnis für ihn und seine Schwierigkeiten vermitteln. Vielleicht muß dann nicht mehr auf einen ›Neuen Mann‹ gehofft werden, der sämtliche Probleme überwunden oder nie gehabt hat, sondern es kann gemeinsam und gezielt eine Partnerschaft erarbeitet werden, die reifer und bewußter gestaltet ist − basierend auf echter Erfassung des anderen Geschlechtes und nicht auf erträumter Scheinwelt und Manipulation durch falsche, irreführende Rollenbilder.

Ich wünsche Ihnen, ob Mann oder Frau, einen guten und hoffnungsvollen Start!

Falera, im Mai 1989

An den Mann

Sie haben letzte Nacht im Bett versagt. Ihre Erektion war einfach weg. Es geschah nicht zum ersten Mal. Sie haben auch gefürchtet und gespürt, wie ›es‹ sich wieder anbahnte. Die Reaktion Ihrer Bettgefährtin hätte nicht besser sein können: sie murmelte einige verständnisvolle Worte über Streß, Müdigkeit und Überreizung, streichelte Sie versuchsweise erotisch, dann liebevoll, fand einen sanften Übergang für ein Glas Wein, eine Zigarette, ein nettes Geplauder ... Nachher, in einer für Sie entspannteren Atmosphäre, unternahmen Sie noch einen halbherzigen Versuch. Es ging! Aber im nachhinein mußten Sie sich eingestehen, daß es nicht so toll war. Immerhin, Ihre Partnerin war zufriedengestellt, Sie haben im richtigen Moment tief gestöhnt und ihr dann versichert, wie wundervoll sie war.

Sie gaben ihr auch die zusätzliche Befriedigung, anscheinend genau zu wissen, wie mit männlichen Potenzstörungen umzugehen sei. Nur bei Ihnen blieb ein schaler Nachgeschmack − Ihnen ist nicht ganz wohl, und Sie erinnern sich an all die Male zuvor, mit ihr, mit anderen Frauen ...

Natürlich haben Sie Erklärungen zur Hand: entweder waren Frauen zu aktiv oder zu phantasielos, zu fordernd oder mit zu wenig Temperament − manchmal dauerte es auch einfach zu lange oder es stimmte ästhetisch nicht. Bleibt die Frage: Warum gingen Sie dann mit der jeweiligen ins Bett? Was wollten Sie sich beweisen, bzw. ihr? Spätestens dann, als Sie die Frau in die Arme nahmen, haben Sie doch geahnt, wie es werden könnte; Sie haben die leisen Widerstände Ihres Körpers gespürt und trotzdem übergangen. Warum?

Oder: Sie waren mitten im Liebesspiel und plötzlich stimmte etwas nicht mehr. Sie haben versucht, Ihr Unbehagen zu verdrängen, Ihre Phantasie einzusetzen – nichts! Das Unbehagen blieb, Ihr Penis wurde schlaff, Sie mußten Ihre Partnerin und sich beschwichtigen ...

Möglicherweise haben Sie zusätzliche Erklärungen bereit, wie: in Ihrem Beruf fühlt man sich häufig erschöpft, körperlich und seelisch – Sie sind auch nicht mehr der Jüngste – Sie halten nichts vom Leistungsdenken im Bett – Ihr Orgasmus ist gar nicht so wichtig, Hauptsache ist, daß Sie miteinander zärtlich sind – Sie verschaffen der Frau auf ›andere Art‹ den Höhepunkt – Sie distanzieren sich völlig von ›klischeehaften Erwartungen‹ im Bett – usw., usf. ...

Bei all dem haben Sie aber immer noch nicht den Punkt berücksichtigt, *warum* Sie mittendrin nicht mehr konnten. Ihre Erklärungen oder Einsichten weisen eigentlich nur darauf hin, daß Sie gar nicht erst in die Situation des Versagens hätten kommen müssen, sondern lediglich Ihrem Gefühl ›Heute nicht!‹ trauen.

Sie *haben* sich aber in die Situation begeben – Sie haben sich und vielleicht auch die Frau entkleidet, Sie haben gestreichelt und sich streicheln lassen, Sie haben dabei die passenden Worte gemurmelt, Sie hatten vielleicht eine Erektion und sind in die Frau eingedrungen – um dann allmählich buchstäblich abzuschlaffen. Ihr übergangenes Gefühl hat Ihre Anatomie eingeholt, Sie waren der Realität Ihres Körpers ausgeliefert. Sie sind schwach geworden, Sie haben sich eine Schwachstelle gegeben, unter Umständen wird Ihnen sogar Schwäche vorgeworfen – dabei war aber schon die ganze Situation mit sämtlichen Erklärungsversuchen schwach! Und all das, als Sie sich stark zeigen wollten. Gibt Ihnen das nicht zu denken?

Logischerweise können Sie daraus schließen, daß irgendeine geheimnisvolle, ›unterirdische‹ Spannung zwischen der betreffenden Frau und Ihnen bestand, die Ihnen ein deutliches ›Stop!‹ signalisierte. Irgendein Muster in Ihnen wurde empfindlich gestört, Ihr Penis reagierte auf Ihnen noch unbekannte Botschaften, er ›schreckte‹ zurück.

Nun, Sie wissen (vermutlich und hoffentlich) viel über Frauen, aber – wie erwähnte Situation zeigt: zuwenig über sich selbst. Dabei sind Sie das Produkt von Generationen männlicher Geschichte und Entwicklung. Sie haben jahrtausendealtes Erbgut von männlichen Rollenbildern in sich, das Ihr Denken und Fühlen wesentlich mehr prägt, als Sie sich vorstellen können. Möchten Sie sich kennenlernen? Erfahren, warum Sie in gewissen Situationen völlig anders reagieren, als es eigentlich Ihren Erwartungen und Vorsätzen entspräche?

Ich schlage Ihnen vor, wir drehen das Rad der Zeit etwas zurück. Gehen wir doch in die Epoche der vielbewunderten Jäger, die dem heutigen Manne noch immer als Vorbild hingestellt werden – also etwa in das Jahr 9000 v. Chr.

Wir wissen ja aus Zeitschriften, Filmen und diversen Comic-Strips, wie viril und kraftvoll Ihre Vorfahren anscheinend waren, die schwache Frauen ernähren und vor den Gefahren der Natur und der Umwelt beschützen mußten. Das Bild des keulenschwingenden Supermannes, der nach siegreicher Bärentötung seine ihn bewundernde Frau an den Haaren in die Höhle schleppt, geistert immer wieder durch männliche Phantasien. Der potente Ur-Mann, der angeblich auch in Ihnen stecken und Maßstäbe vermitteln sollte, stand noch nie so hoch im Kurs wie jetzt, trotz oder wegen all den Gesprächen, Leitartikeln und Büchern über den ach − so sensiblen ›Neuen Mann‹.

Gehen wir auf die Zeitreise und schauen, wie es denn tatsächlich war.

1. Die Jäger

Schön sind sie nicht, unsere Vorfahren! Erst bei sehr genauem Hinsehen können wir anhand der Geschlechtsmerkmale Mann und Frau überhaupt unterscheiden. Beide haben denselben Körperbau: klein und stämmig, dabei stark behaart. Sie sind ja auch den gleichen Umweltbedingungen und -anforderungen ausgesetzt. Die fortwährende harte Arbeit, zum größten Teil im Freien, der ständige, gemeinsame Kampf ums Überleben, haben den Körper von Mann und Frau abgehärtet und gestählt. Die Haut am ganzen Körper ist rissig, zerfurcht und dabei hart wie Leder. Die Finger- und Zehennägel sind kurz und schaufelartig geformt. Die Gelenke sind verdickt und treten stark hervor. Unter der niedrigen Stirne verlaufen die buschigen Augenbrauen, fast ohne Zwischenraum, über der flachen, fleischigen Nase, der Unterkiefer ist stark ausgebildet und vorgeschoben. Die Lebenserwartung liegt etwa bei 30 Jahren.

Der Jäger lebt in einer Sippe von etwa dreißig bis vierzig Müttern, ihren Kindern und Männern. Er selbst hat ›eingeheiratet‹, d. h. er wurde von einer Frau ausgesucht, die ihn mit seiner Einwilligung in ihre Sippe mitnahm. Sollte die Beziehung auseinandergehen, muß er die Sippe seiner Frau wieder verlassen und in die seiner Mutter zurückkehren, es sei denn, eine andere Frau wählte ihn zum Manne.

Es hat sich bereits eine Form von Arbeitsteilung herausgebildet: während die Männer in Horden auf die Jagd gehen, bemühen sich die Frauen um die vegetabile Nahrungsbeschaffung und die Kleintierjagd mit dem Netz.

Sie sind auch zuständig für den Hüttenbau, wenn die Sippe in eine fruchtbarere Gegend ziehen muß. Der gesamte häusliche Bereich untersteht also der Frau.

Noch vor wenigen Jahrhunderten jagten sie mit den Männern, weil die Sippen zu klein waren, und es daher den Einsatz jedes einzelnen brauchte, um mit den allereinfachsten Waffen ein größeres Tier zu erlegen. Die Jagd ist häufig unergiebig und von daher unzuverlässig für das Überleben der Sippe − deswegen sichern Pflanzen und Beeren den täglichen Nahrungsbedarf.

Der schlichten Tatsache wegen, daß die Frauen das Überleben der Sippe garantieren durch tägliche Nahrungsbeschaffung und durch das Gebären von Kindern, stehen sie in hohem Ansehen. In der religiösen Welt wurde die Mutter zur Fruchtbarkeitsgöttin, also zur obersten Gottheit, in der Sippe zum sozialen Mittelpunkt. Deswegen steht ihr auch die erste Partnerwahl zu. In den meisten Fällen ist der Sippensprecher eine Frau. Anliegen und Streitigkeiten werden vor den Frauenrat gebracht.

Es ist die friedvolle, die ›goldene‹ Zeit des Mutterrechtes, des Matriarchates. Alles gehört allen, es gibt noch keinerlei Art von Privateigentum, daher kaum Neid noch Rivalität. Machtstreben und Geltungstrieb des einzelnen haben gar nicht die nötigen sozialen Bedingungen, um sich durchsetzen zu können. Der jeweilige würde verlacht, ausgestoßen oder gar getötet, hätte er bereits Schaden angerichtet. Jedes Sippenmitglied ist für alle verantwortlich, jeder trägt zum gemeinsamen Wohl sein Möglichstes bei, Kinder und Alte sind aufgehoben im Kollektiv. Da es kein Privateigentum und keine bestimmende ›Autorität‹ gibt, sondern Beschlüsse nur im gemeinsamen Einverständnis getroffen werden, können keine Klassen, keine Hierarchien entstehen.

Die Zuordnung der Geschlechter basiert auf gegenseitiger Zuneigung. Da sowohl Mann wie Frau ihre eigene Arbeitsdomäne und Wichtigkeit haben, sind sie einander ebenbürtig. Der gegenseitige Respekt und die allgemeine Achtung sind gewährleistet. Beide teilen dasselbe große Interesse: das Überleben und den Fortbestand der Sippe.

Der Wert des Mannes mißt sich an seinem Einsatz im Kollektiv und an seiner Geschicklichkeit im Herstellen von Waffen, Werkzeug und Schmuck. Ihm gehört die Bewunderung aller für seine ›technischen‹ Findigkeiten; es sind seine Arbeiten, die der Sippe Ansehen verschaffen.

Aus geheimnisvollen Gründen wird die Frau manchmal schwanger, genauso unberechenbar wie die Erde, die den Menschen mit Fruchtbarkeit beglücken kann. Neues Leben entsteht nur im Weib und aus der Erde − noch wird kaum ein Zusammenhang zwischen Geschlechtsverkehr und Zeugung hergestellt, d. h. es gibt keine eigentliche Vaterschaft. Der Begriff ›Vater‹ im heutigen Sinne existiert noch nicht!

Vor kurzem hat die Sippe aufgehört, ihren Toten deren jeweils beste handwerkliche Erzeugnisse ins Grab mitzugeben; man hat erkannt, daß den Lebenden mehr damit gedient ist, bereits bewährte Waffen und Werkzeuge weiter zu verwenden. Natürlich stellte sich die Frage, wem denn die Güter zur Obhut und Pflege übergeben werden sollten. Die Sippe entschloß sich zur Weitergabe in direkter mütterlicher Abstammung. Das erste ›Erbrecht‹ in der Geschichte der Menschheit ist da!

Vorläufig erben beim Ableben einer Frau ihre Töchter, dann ihre Schwestern, dann ihre Tanten. Stirbt ein Mann, so erben die Söhne seiner Schwester, dann die Brüder der Mutter, dann die eigenen. Da man ja nur die

Mutterschaft kennt, kann der Mann selbst nichts vererben — er hat keine ihm blutsverwandten Nachkommen.

Im Laufe der nächsten Jahrhunderte werden die Jäger allmählich seßhaft — die Frauen entdecken den Ackerbau. Die Sippen sind nicht mehr auf Gedeih und Verderb der Natur ausgeliefert, sie haben erkannt, daß Boden zum Teil von Menschenhand urbar gemacht werden kann. Diese Erkenntnis bedeutet einen ungeheuren Sprung in der Geschichte: der Mensch versteht erstmals den Zusammenhang zwischen Säen und Ernten. Auf dieser Erkenntnis wird die gesamte technische Entwicklung der folgenden Generationen fußen, bis in unser Jahrhundert!

Es ist selbstverständlich, daß der Ackerbau fast ausschließlich die Domäne der Frau ist. Sie verkörpert Fruchtbarkeit — und ist somit auch für die Fruchtbarkeit der Erde zuständig.

Dank dem Ackerbau leben unsere Vorfahren erstmals im Überfluß — sie können sogar Vorräte anlegen. Zwar hat der Boden für sich und als Bleibe noch wenig Bedeutung. Sobald die Erde erschöpft ist, zieht die Sippe weiter auf der Suche nach neuem, fruchtbarem Boden, der jeweils gemeinsam bebaut wird.

Aber allmählich lernen die Menschen, die Äcker so zu bepflanzen, daß sie abwechselnd wieder bebaubar werden. Die Fruchtwechselwirtschaft ist da — die Sippe kann endgültig seßhaft werden. Der Jäger hat sich vom Nomaden zum Ackerbauer entwickelt. Alljährlich wird der Boden parzellenweise je nach Größe der verschiedenen Sippeneinheiten aufgeteilt. Eine solche Einheit besteht aus einer Mutter, ihren Kindern und den angeheirateten Männern.

Wenn die Sippe früher für die Verpflegungsmöglichkeiten zu groß wurde, spaltete sich eine Einheit ab und zog unter der Führung der ältesten Frau in ein anderes Gebiet. Jetzt, wo die Sippe seßhaft ist, entstehen Dörfer, d. h. wenn ein Haus zu klein wird, so baut die jüngste Tochter mit ihrem Anhang ein neues Haus. Wird dann das Dorf zu groß, so spaltet sich die Gemeinschaft, und die jüngsten Sippeneinheiten gründen wiederum ein Dorf. Die Dörfer bleiben in engem Kontakt zueinander und bilden bei Bedarf größere Arbeitsgemeinschaften. Sie betrachten sich alle der gleichen Stammesmutter zugehörig, und somit muß nach wie vor jede Frau ihren Mann aus einer anderen Sippe als der ihrigen auswählen. Durch den Nahrungsüberfluß steigen die Geburtsraten gewaltig. Aus den Sippen bilden sich schnell Dörfer — aus einer Vielzahl einander verwandter Dörfer entstehen Stämme. Werden die Stämme zu groß, so gilt wieder dasselbe Prinzip wie in der Sippe: sie spalten sich und gehen untereinander ›Bündnisse‹ ein. Einige solcher Bündnisse bilden dann ein ›Volk‹.

Es ist die Hochblüte des Matriarchates.

An den Mann

Nicht wahr, es ist spannend, Geschichte im eigenen Zusammenhang zu erforschen?! Haben Sie bereits bemerkt, daß die heutige Vorstellung über den Jäger und seine Gemeinschaft nur ein lächerliches Zerrbild der damaligen Zeit ist?

Sie wissen jetzt, daß es damals keine ›Häuptlinge‹ und keinerlei Art von Unterwerfung und Dominanz gab. Der coole, autoritäre Führungstyp wäre bestenfalls ausgelacht worden. Die Männer von damals wußten nur zu gut, wie sehr sie aufeinander angewiesen waren, auf den Einsatz und das Können jedes einzelnen. Natürlich gab es bei jeder Tätigkeit jemand, der mehr Erfahrung oder Geschicklichkeit besaß als die anderen und deshalb kurzfristig eine natürliche Führungsaufgabe übernahm – sei es jetzt Fährtenlesen, das Herstellen einer Waffe, eines Werkzeuges oder das Roden eines Gebietes.

Die Männer lebten in einer Gruppe, die Eigenschaften wie Kooperation, Anpassung, Entwicklung von technischen Fertigkeiten, Kommunikation, Rücksicht und Teilen unterstützte und förderte. Der Jäger, der an einem Tag Pech hatte, erhielt den gleich großen Anteil an der Beute wie jener, der sich gerade auszeichnete. Die Freude an der eigenen Geschicklichkeit, die Bewunderung der anderen nährte weder Selbstsucht noch elitäres Denken, sondern stärkte die Gruppenbeziehung. Ein in vielen Domänen hervorragender Jäger erhielt keinen höheren Status als die anderen, wohl aber Prestige, wenn er seine Fähigkeiten in den Dienst des Kollektives stellte. Mit anderen Worten: je größer seine Beute, um so mehr gab er ab, je erwiesener seine Geschicklichkeit, um so mehr Aufgaben erfüllte er.

Die Jäger und späteren Ackerbauern waren also keineswegs eine im kämpferischen Sinne aggressive Männergemeinschaft. Wir kennen auch keine Höhlenmalereien aus dieser Zeit, die Kampfszenen zwischen Menschen darstellen.

Können Sie gefühlsmäßig ertasten, was es bedeutete, Mann zu sein damals, zur Zeit des Mutterrechtes? Der matristische Mann durfte sich ausleben – gemäß seinen Fertigkeiten und seiner Natur. Und seine Natur war eben, daß er keinerlei biologische Verantwortung hatte! Er war an der Nest- und Brutpflege nur insofern beteiligt, als daß er im Rahmen des Kollektives für das Überleben der Sippe mitverantwortlich war. Damals käme der Ausspruch von William G. Somner aufs positivste zum Tragen: »No amount of reasoning, complaining or protesting can alter the fact that woman bears children and man does not.«

Zwischen Mann und Frau gab es keine Hierarchien, sie waren in ihrer naturgegebenen Arbeitsteilung einander völlig ebenbürtig. Die Verehrung, die der Mann der Frau aufgrund ihres Gebären-Könnens entgegenbrachte, war genauso natürlich wie ihre Bewunderung für seine handwerkliche Geschicklichkeit. Beide lebten ihre ur-eigenste Form der Kreativität, des Schöpfertums und paßten dabei völlig in ihre Umwelt und deren Strukturen hinein.

Sexualität und Geschlechtsverkehr hatten einen nebensächlichen und integrierten, von daher kleinen Stellenwert – es gab weder konstruierte Moral noch Verbote. Da der Zusammenhang zwischen dem männlichen Samenerguß und der weiblichen Schwangerschaft unklar war, fehlte der Vereinigung Mann – Frau zudem jegliches Druck- und Erwartungsmoment.

Als einziges Tabu galt der Beischlaf Mutter – Sohn, wobei dies bereits eine Folge der Sippenentwicklung war. Unsere Vorfahren erkannten im Laufe der Zeit, daß durch die Paarung Mutter – Sohn die Suche nach männlichen Beziehungen außerhalb der Sippe überflüssig wäre – die Sippe bliebe ein in sich abgeschlossenes System. Es braucht die ›eingeheirateten‹ Männer aus anderen Sippen als Zuträger für neues Gedankengut und frische Impulse. Eine sehr fortschrittliche, ökonomische Überlegung!

Der matristische Mann hatte also, ohne viel eigenes Dazutun, für die Sippe seiner Frau die natürliche Funktion eines ›innovativen Beraters‹. Es ist anzunehmen, daß je nach neuen Impulsen, die er brachte, sein Prestige und das der Sippe anstieg – was wiederum die Frau in der Richtigkeit ihrer Partnerwahl bestätigte.

Nicht war, das Ganze kommt Ihnen gar nicht so unbekannt vor? Sie erinnern sich gewiß an Märchen und Sagen, in denen Ihnen das matristische Erbe im Mann bereits begegnete. Jetzt erkennen Sie sogar das Muster:

Der jeweilige ›Held‹ verläßt seinen Geburtsort (Muttersippe) und geht in fremde Lande (andere Sippen), wo er zahlreiche Hindernisse überwinden muß (Beweise von Tugend und Geschicklichkeit), um dann die Prinzessin oder Königin (zukünftige Sippenmutter), die auf ihn aufmerksam wurde, heiraten zu können. Mit dieser Heirat erhält er auch eine Krone (Stellung) und bleibt im Land (führt der Sippe seiner Frau sein Prestige zu).

Ihr Vorfahre verkörperte ein Männerbild, das mit den heutigen Machovorstellungen (... und schleppte sie an den Haaren in die Höhle ...) nichts gemeinsam hat. Der Macho stellt seine Idee von einem Mann dar wie ein

Schauspieler, der eine Rolle eher schlecht als recht inter-
pretiert — der matristische Mann dagegen war schlichtweg, ohne jegliches dominante Gehabe, ein Mann im
Einklang mit sich und der Natur. Also tatsächlich ein
›echter‹ Mann!

Sie sehen: das Matriarchat war mitnichten, wie so oft
fälschlicherweise angenommen, die Zeit der ›Frauenherr-
schaft‹, sondern im wahrsten Sinn des Wortes die Zeit
der natürlichen, natur-gegebenen Geschlechterrollen, wie
eben die der Mutter(mater)schaft. Der Mensch hatte
noch keine eigentliche Geschichte hinter sich, auf die er
zurückschauen und sich eventuell daran orientieren
mußte, die ihm Maßstäbe setzte oder eine Rolle aufzwang — noch war er eins mit seiner Biologie.

Gefällt Ihnen Ihr Vorfahre, so wie er tatsächlich war,
nicht viel besser als das Phantasieprodukt, das Ihnen
immer wieder vorgesetzt wird? Wir werden später darauf
zurückkommen, *warum* überhaupt so ein prähistorisches
Macho-Gebilde entstehen konnte.

Aber jetzt weiter in der Geschichte des Mannes!

2. Vom Jäger und Ackerbauer zum Patriarchen

Durch den Ackerbau der Frauen geht die Bedeutung der Jagd stark zurück. Damit verliert aber auch der Mann in seiner Stellung als Miternährer an Boden. Nun wendet er sich der Viehzucht zu. Er hat zufälligerweise, vielleicht beim Anpflocken eines Locktieres, entdeckt, daß er Tiere zähmen könnte. Dadurch stimmt das Arbeitsverhältnis zwischen Mann und Frau wieder, die Geschlechter sind einander wieder ebenbürtig. Aber die Strukturen in der Sippe verändern sich, noch fast unmerklich. Das Gefühl des Eins-Sein mit sich und der Natur hört mehr und mehr auf. Der Mensch wird zunehmend unabhängiger; er hat begonnen, sich die Natur teilweise untertan zu machen.

Die Schwangerschaft der Frau ist nicht mehr ein Mysterium – der Mann weiß jetzt um seinen Anteil an der Zeugung. Ein völliger Umsturz in seinem Denken und in seinen Vorstellungen ist die Folge, vorläufig noch mit Verunsicherung vermischt.

Die Entwicklung der Viehzucht birgt eine Zeitbombe für die Sippe in sich: Boden für die Tierhaltung wird benötigt! Je erfolgreicher nämlich ein Züchter ist, um so stärker wird sein Wunsch nach mehr Boden, um seine Zucht vergrößern zu können.

Erstmals drängt sich der Gedanke auf an Eigennutzung, also an Privateigentum! Eine verlockende Perspektive ... die allmählich Fuß faßt: das Kollektiv verliert dadurch langsam an Attraktivität und somit an Bedeutung. Die inneren Strukturen der Sippe bröckeln. Das gemeinsame Interesse, die geteilte Verantwortung stehen nicht mehr unerschütterlich an erster Stelle – der männliche Drang nach Vermehrung des eigenen Besitzes beginnt im Laufe einiger Jahrhunderte wie eine Lawine bestehende moralische und kulturelle Werte des Matriarchates zu verdrängen.

Da der Mann um seine Zeugungskraft weiß, ist es nur noch eine Frage der Zeit, wann er das Erbrecht auch für seine Söhne verlangen wird. Nur so kann er ja sein erworbenes Eigentum sichern und bewahren: durch die erbrechtliche Weitergabe an seine Söhne. Aber dem stellt sich ein einfacher Tatbestand des Mutterrechtes in den Weg: die Frau ist in ihrer Partnerwahl genauso frei wie er – mehr noch, ihr gebührt sogar das Recht der ersten Wahl. Wie also kann er sicher sein, daß ihre Söhne auch wirklich von ihm gezeugt sind? Wer garantiert ihm, daß nicht der Sohn eines anderen ihn um seinen Besitz prellen, also ihn berauben wird?

Eine Unsicherheit des Mannes, die gleich die nächste auslöst: welche Möglichkeit hat er überhaupt, um Sicherheit haben zu können? Es dauert lange Zeit, mit allen Gegenströmungen und Widerständen, bis der Mann genau weiß, wie er seine Stellung und die seiner Söhne ein für allemal eindeutig sichern kann: durch vollständige Kontrolle über die Frau! Nur wenn er die Gewähr hat, daß er der einzige Mann einer Frau ist, werden die gemeinsamen Kinder mit größter Wahrscheinlichkeit auch von ihm stammen. Jetzt geht es nur noch darum, ein System einzuführen, das dieses Resultat gewährleistet.

Er schafft es: die Frau darf keinerlei Freiheiten mehr haben, die ihr eine Lücke lassen, durch die sie der männlichen Kontrolle entschlüpfen könnte. Sämtliche Rechte, die ihr noch Privilegien sichern, müssen ihr ebenfalls entzogen werden. Die Frau hat keinen eigenen Status mehr, sie gehört dem Mann. Von Rechts wegen ist sie ihm untergeordnet, er bestimmt über sie und ihre Kinder. In der religiösen Welt herrscht nun ein *Sonnengott* mit seinen Söhnen; die weiblichen Götter sind nur zugeordnet. Das Patriarchat ist da, die Herrschaft des Vaters *(pater)* hat begonnen!

Der Privatbesitz, der die Wurzel des Patriarchates in sich trug, führt bald zu Klassenunterschieden. Die sich schnell vergrößernde Kluft zwischen Reich und Arm bedingt Neid und Mißgunst. Rivalitäten lassen das entstehen, was bis zum heutigen Tag die Geißel der Menschheit ist: die Kriege. Das ›goldene‹, weil egalitäre Zeitalter des Mutterrechtes ist endgültig vorbei – das Vaterrecht hat die Strukturen des friedvollen Kollektives zerstört und abgelöst.

Zusammenfassend können wir sehen, daß die Machtstrukturen, die bezeichnend sind für das bis heute bestehende Vaterrecht, auf drei ineinander verketteten Elementen basieren:

● die wirtschaftlich-erbrechtlichen Überlegungen des Vaters bezüglich Besitzerhaltung und Vermögensmehrung;
● die biologisch gegebene und somit unabänderliche Unsicherheit des Mannes bezüglich der Echtheit seiner Vaterschaft;
● die mehr oder weniger bewußte Potenzangst des Mannes.

An den Mann

Sie können sicher nachvollziehen, welchen Anfangs-
schwierigkeiten das Patriarchat ausgesetzt war. Die neue
Machtstellung des Mannes, die er sich durch die Entwicklung der Viehzucht verschafft hatte, stand in keinem
Verhältnis zu der dominanten Stellung der Frau, natürlich gewachsen im Laufe der Jahrtausende. Somit
brauchte es mehrere Jahrhunderte, bis das Patriarchat
sich durchgesetzt hatte und die Frau völlig entmachtet
war. Ein Prozeß, der sich vorerst katastrophal nieder-
schlug auf die wirtschaftliche Situation und somit auf
das Wohl des einzelnen. Doch hier in die Details zu
gehen, würde den Rahmen dieses Buches sprengen. Bleiben wir bei Ihrer Geschichte, bei der Entwicklung des
Mannes.

Das Vaterrecht, das dem Mann eigentlich nur die Erbfolge sichern sollte, bedeutete mit all seinen Konsequenzen einen unglaublichen Riß im Verhältnis der Geschlechter. Bis anhin galten die ›Naturgesetze‹, basierend
auf gegenseitiger Achtung und Ebenbürtigkeit. Jetzt
herrscht der Mann, der Vater, auf Kosten der Rechte der
Frau.

Sie sehen, das Patriarchat war eigentlich ein Einschnitt
in die menschliche Natur. Es hat sich, im Gegensatz zum
Matriarchat, nicht herausentwickelt aus biologischen
Gegebenheiten. Die naturgegebenen Geschlechterrollen
durften nicht mehr sein. Der Mann führte zur Sicherung
seines Besitzes Gesetze ein, die zur Unterdrückung und
Mißachtung der elementarsten Menschenrechte führten.
Daß er der Frau die Bestimmung über sich und ihre Kin-

der verweigerte und entzog, war die eine Seite. Was aber tat er sich an?

1. Von seiner ganzen Biologie her hatte der Mann keinerlei Anlagen für Verantwortlichkeit im Nestbau und in der Brutpflege.

   ● Mit seinem Anspruch, aus materiellen Gründen das rechtmäßige Oberhaupt seiner Familie zu sein, lud sich der Mann gleichzeitig auch die gefühlsmäßige Verantwortung dafür auf. Plötzlich wurde er mit der Nestpflege konfrontiert.

2. Von seinen Anlagen und seiner Geschichte her positionierte sich der Mann durch sein Können und sein damit verbundenes Prestige.

   ● Nun aber sollte er als verantwortliches Familienoberhaupt auch in gefühlsmäßiger Hinsicht Werte und Richtlinien vermitteln können. Sein Prestige wurde in der Familie weniger gefragt als seine Gegenwart und zuverlässige Verfügbarkeit.

3. Von seinem Ur-Wesen her verstand sich der Mann als friedfertiges, nützliches Mitglied einer gleichberechtigten Gemeinschaft.

   ● Um seinem privaten Erwerb nachgehen zu können, mußte er sich aus der Gemeinschaft herauslösen, negative Rivalitäten in Kauf nehmen, sich Mißgunst und Streit aussetzen. Aus dem Herdentier wurde ein Einzelgänger.

4. Sexualität war für den matristischen Mann eine Selbstverständlichkeit gewesen wie Essen und Trinken.

● Nun mußte er sich mit neuen Themen wie Zeugungsfähigkeit (wehe, er hatte keinen Sohn!) und Potenz (wehe, seine Frau wurde nie oder nur einmal schwanger!) auseinandersetzen. Die patriarchale Angst vor sexuellen Schwächen oder gar Versagen hielt ihren Einzug!

Nicht wahr, es ist auffallend, wie schon die Anfänge des Patriarchates im Zeichen einer unglaublichen Überforderung des Mannes standen?! Da gab es doch nur die Möglichkeit, diese Gefühle kurzerhand zu verdrängen und abzuspalten! Ein Leitmotiv der patriarchalen Gesellschaft könnte durchaus folgendermaßen lauten: »Ein Mann – ein Wort (... und weg mit störenden Gefühlen).« Denn: je weniger Gefühl ein Mann zuläßt und entwickelt, um so weniger realisiert er seine Überforderung durch die patriarchale Rolle, und um so stabiler und leistungsfähiger bleibt er!

Sie sehen, wohl *mußte* der Mann die Frau entmachten, um seine eigene Stellung zu sichern, aber – mit dem, was er sich selbst antat, indem er sich aus seinen biologischen Gesetzen löste, schwächte er sein gesamtes männliches Ur-Gefühl bis in die heutige Zeit! Um sich eine Machtposition zu sichern, die nur auf materiellen Überlegungen basierte, stülpte sich der Mann freiwillig einen Verhaltenspanzer über, der seinen Anlagen völlig widersprach. Er vergewaltigte damit nicht nur seine natürliche Männlichkeit, sondern auch die damit verbundenen Gefühle.

So entstand der ›gespaltene‹ Mann, dessen Schwierigkeiten Sie selbst nur zu gut kennen: was der Mann spürt und fühlt, hat mit dem, was er dann tatsächlich tut, wenig bis nichts gemeinsam. Das Patriarchat hat ihm mit Erfolg beigebracht, nicht auf seine Gefühle zu hören, sondern sich an männlichen Rollenvorstellungen zu orientieren, die hauptsächlich aus äußeren Zwängen und Leistungsansprüchen bestehen.

Das patriarchale Regiebuch gab — und gibt ihnen noch immer! — in etwa folgende Anweisungen:

- Männer sind ehrgeizig — wenn sie trotzdem nicht erfolgreich sind, liegt es an den Umständen;
- Männer zeigen keine Schwäche — sie werden bloß häufiger krank als Frauen;
- Männer sind sportlich — sonst finden sie Ausflüchte wie Alter, keine Zeit, Unfälle ...;
- Männer sind arbeitsam und beweisen Ausdauer — ein müßiger Mann ist ein Widerspruch in sich, Ferien sind mit schlechtem Gewissen oder Langeweile verbunden;
- Männer sind nicht unbedingt häuslich — sie ziehen ihren Freundeskreis vor;
- Männer finden Kinder erst von einem gewissen Alter an interessant — deswegen kümmern sie sich auch nicht groß um sie;
- Männer sind sexuell aktiver als Frauen — deswegen neigen sie eher zur Untreue (die angeblich völlig bedeutungslos ist ...);
- Männer zeigen ihre Gefühle nicht, und schon gar nicht in der Öffentlichkeit — sie weinen nicht und Zärtlichkeiten sind sowieso lächerlich;
- Männer sind einfacher und direkter als Frauen — und wenn es trotzdem Kommunikationsschwierigkeiten gibt, liegt es sicher an der Frau;
- Männer sind aggressiv — schließlich haben sie einen Penis zum Penetrieren;
- Männer müssen nicht unbedingt gepflegt sein — waschen genügt und Schweißgeruch wirkt viril;
- Männer lieben Herausforderungen — Streßerschei-

nungen wie Herzbeschwerden und Magen-Darm-Störungen gehören halt häufig dazu;

- Männer sind potente Liebhaber und werden nie müde — sonst liegt es an den Umständen oder an der Frau;
- Männer befehlen in der Familie — sie sind schließlich die Ernährer und haben von daher auch mehr Rechte;
- Männer sind autoritär und cool — sie beherrschen jede Krisensituation souverän;
- ... Uff!!!

Nicht wahr, man kann sich gut vorstellen, daß am Schluß der ›Anweisungen für die Rolle des Mannes‹ der Zusatz stehen müßte: ... und wenn du dich nicht so verhältst, bist du eben kein Mann!

(Der matristische Mann würde leise lächelnd den Kopf schütteln ...)

Die gegenüberliegende Skizze zeigt Ihnen, wie die Entwicklung des Mannes sich in seiner bewußten und unbewußten Persönlichkeitsstruktur ausdrückt.

Der Mann ist von diesem patristischen Verhaltenspanzer nur so lange gestützt, als keine Frau und kein Umstand bis zu seinem matristischen Ur-Wesen, das ihm ja fremd, weil unbewußt, ist durchstößt. Sollte das geschehen, dann gerät unter Umständen das ganze erlernte Rollenverhalten ins Wanken — er spürt erstmals den Ur-Mann in sich — und knallt erschrocken diese seelische Falltüre zu! Er spürt genau, da könnten, wie Schachtelteufel, Schwierigkeiten herausbrechen und seine anerzogenen, gewohnten Verhaltensmuster gefährden; er ahnt diese Möglichkeit und will sich lieber nicht auf Gefühle einlassen, die so altes Neuland wie seine eigentliche Männlichkeit herauslocken und vielleicht zuviel in seinem Leben in Frage stellen ...

Strukturierung der männlichen Psyche

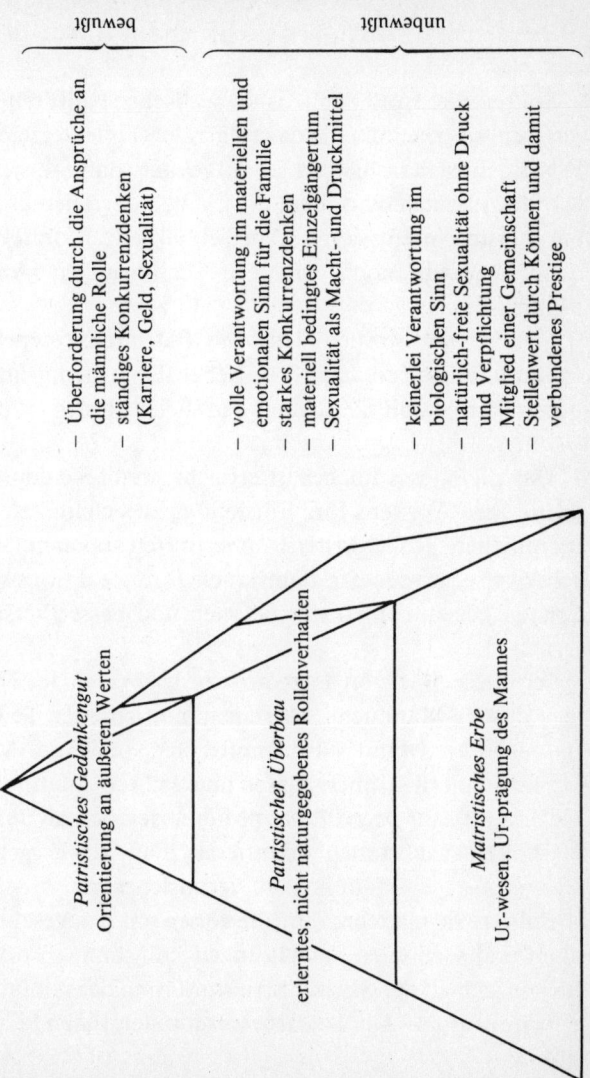

bewußt

- Überforderung durch die Ansprüche an die männliche Rolle
- ständiges Konkurrenzdenken (Karriere, Geld, Sexualität)

unbewußt

- volle Verantwortung im materiellen und emotionalen Sinn für die Familie
- starkes Konkurrenzdenken
- materiell bedingtes Einzelgängertum
- Sexualität als Macht- und Druckmittel

- keinerlei Verantwortung im biologischen Sinn
- natürlich-freie Sexualität ohne Druck und Verpflichtung
- Mitglied einer Gemeinschaft
- Stellenwert durch Können und damit verbundenes Prestige

Patristisches Gedankengut
Orientierung an äußeren Werten

Patristischer Überbau
erlerntes, nicht naturgegebenes Rollenverhalten

Matristisches Erbe
Ur-wesen, Ur-prägung des Mannes

Jetzt wäre für Sie eigentlich der Moment da, dieses Buch aus der Hand zu legen — eben um keine Schwierigkeiten zu provozieren, keine schlafenden Hunde zu wecken ...

Sollten Sie, trotz dem Risiko seelischer Falltüren, weiterlesen, so beachten Sie das folgende Kapitelverzeichnis. Das Buch ist von hier an so aufgebaut, daß Sie sich die Kapitel aussuchen können, die Sie von der Thematik her am meisten interessieren. Am Schluß jedes Kapitels finden Sie jeweils noch genauere Ausführungen ›An den Mann‹.

Nun — wir werden den vom Patriarchat geprägten Mann in all seinen wichtigen Lebensbereichen gründlich betrachten, damit Sie etwaige Parallelen zu sich erkennen können.

Das Ziel dieses Buches ist erreicht, wenn Sie dann aufgrund Ihres Wissens Ihre Einstellung zu sich und zu Ihrer männlichen Rolle kritisch überprüfen können. Logischerweise werden Sie dann auch Ihre Reaktionsweisen Frauen gegenüber ernster nehmen und besser verstehen lernen.

Ich bezeichne von jetzt an das Ur-Wesen im Mann, also das Ur-Männliche, als seinen matristischen Teil. Ein *matristischer* Mann wäre somit einer von seiner Männlichkeit innerlich überzeugter und sicherer Mann — im Gegensatz zum *patristischen* Mann, der sich an äußeren Verhaltens-Maßstäben orientieren muß, da er gefühlsmäßig in seiner Männlichkeit verunsichert ist.

Sollten Sie manchmal Mühe haben mit den geschichtlichen und seelischen Schichtungen im Mann, so blättern Sie einfach zu der Skizze ›Strukturierung der männlichen Psyche‹ zurück. Die Begriffe werden sich Ihnen bald einprägen.

Beginnen wir gleich mit dem großen Anliegen jedes Mannes:

1. mit seiner Sexualität.

Dann wenden wir uns folgenden Bereichen zu:

2. Der Mann als Sohn und Vater
3. Der Mann zwischen Mutter und Frau
4. Der Mann und seine Arbeit.

3. Der Mann und seine Sexualität

Von seiner Erziehung her entwickelt der Mann in unserer Gesellschaft einen höchst eigenartigen und eingeengten Bezug zu seiner Körperlichkeit und somit zu seiner Gefühlswelt. Prägende Muster für sein späteres Leben werden ihm schon in frühester Kindheit durch einen buchstäblich ›verstümmelten‹ Penisbezug beigebracht.

Der dumme und äußerst hartnäckige Mythos, daß ein Junge von Geburt auf, einfach so, ›stolz‹ sei auf seinen Penis, verdeckt die verheerende Tatsache, daß ihm in unserer Gesellschaft die ›Handhabung‹ seines Sexualorgans sowieso nur zum Urinieren beigebracht wird. Abgesehen davon macht der Junge eher unschöne Erfahrungen in seiner Beziehung zu seinem Penis, also in seiner gefühlsmäßigen Entwicklung zum Mann. Von klein auf ist er in seiner Erziehung ständig einer mehr oder weniger stark ausgeprägten Penis-Abwertung ausgesetzt, die sein emotionales Wachstum entscheidend verunsichern und bremsen wird.

Kaum hat der kleine Junge die Hand spielerisch am Penis, erhält er einen Verweis. Dabei ist sein Penis der Körperteil, der neben dem Mund am sensibelsten ist. Und über die Freude an den eigenen körperlichen Empfindungen beginnt die Gefühlsentwicklung des Kleinkindes überhaupt. Was nun erlebt der zukünftige Mann in diesem allerwichtigsten Entwicklungsstadium? Ein mahnender Blick, eine Rüge, manchmal sogar ein Klaps geben ihm klar zu erkennen, daß er mit seinem Penis etwas tut und empfindet, was die Eltern nicht für gut und ›lieb‹ befinden.

Dem Jungen aber machte diese Empfindung, diese Ich-Bekanntschaft Freude – nun lernt er, nur noch heimlich seinen Körper zu erforschen, natürlich mit daran gekoppelten ›schlechten‹ Gefühlen, weil *er* ja wieder nicht ›lieb‹ ist. Somit sind die ersten und lebenslänglich prägenden Erfahrungen des Mannes mit seinen Gefühlen bereits getan: schon als kleiner Junge weiß er, daß seine auf sich bezogenen Empfindungen weder stimmen noch gut sind! Er kann sich selbst nicht trauen – die anderen sagen ihm, welche Gefühle er haben ›darf‹ und welche ihm ›verboten‹ sind.

Seine programmierten Gefühlsschwierigkeiten wachsen ins Riesenhafte, wenn er als größerer Junge mit Onanieren beginnt. Da elterliche Aufklärung und Vorbereitung trotz unserem fortschrittlichen Zeitalter noch höchst mangelhaft sind, weiß der Junge häufig gar nicht, was er tut. Er spürt einfach die immer stärker werdende Lust an dieser ihm verbotenen Berührung bis zum plötzlichen Samenerguß – und erschrickt darüber!

Er kann auch nach einem erotischen Traum aufwachen und völlig erstaunt seine nasse Pyjamahose spüren. Anscheinend ist ihm etwas ›widerfahren‹, was sicher weder ›gut‹ noch ›anständig‹ ist ... denn es hat wieder mit seinem Penis zu tun! Vor lauter Schuldgefühlen weiß er weder aus noch ein.

In den seltensten Fällen geht er nachher zu seinen Eltern, um sich aufklären und beruhigen zu lassen. Meistens muß er sich seine Erklärungen aus verschiedensten Quellen förmlich zusammenklauben. Wenn er sich in einem kommunikationsfreudigen Freundeskreis bewegt, wird er wesentlich besser dran sein bezüglich Informationen über Sexualität, als wenn er ein eher zurückhaltender Einzelgänger ist.

So oder so bleiben die anerzogenen Schuldgefühle, das Wissen um etwas, was von klein auf verboten war. ›Mann‹ spielt nicht mit dem Penis, ›mann‹ hat nicht solche Gefühle! Wenn sich dann noch unheildrohende, religiöse Vorschriften betreffend ›unkeuschen Gedanken und Handlungen‹ mit mittelalterlich-medizinischen Prophezeiungen paaren, wie ›Ein Mann hat nur tausend Schuß‹ oder ›Onanie schadet dem Körper und dem Geist‹ — dann ist es ein leichtes, sich vorzustellen, in welchem Sexual- und Gefühlsterror ein pubertierender Jüngling leben kann.

Zusätzlich wird er, der ja gierig nach Information sucht, von allen Seiten mit sexueller Reizüberflutung förmlich erschlagen. Das Fernsehen vermittelt dem Jungen sehr früh visuelle Kenntnisse über Körperkontakt und Geschlechtsverkehr. Zeitschriften bieten ihm eine Fülle von aufreizenden Bildern und ermutigen ihn mit Schlagzeilen, sich seiner heranwachsenden Sexualität durchaus bewußt zu sein. Was aber soll er mit den daran gekoppelten Verboten und zwiespältigen Gefühlen tun? Er muß langsam lernen, diese seelischen Störenfriede von den körperlich-sexuellen Empfindungen zu trennen. Je früher ihm das gelingt, desto besser wird er seine Sexualität von seiner Gefühlswelt abspalten, bis Onanie und der spätere Geschlechtsverkehr zu einer seelenlos-mechanischen Handlung werden können. Dann hat er die Wichtigkeit der männlichen Penis-(Gefühls-)abwertung für seinen Seelenfrieden erfaßt: Keine Gefühle — keine Probleme! (... no hard feelings, Baby — no troubles ...)

Vorläufig aber vermischen sich bei dem Jungen noch Dutzende einander widersprechende Botschaften; verdrängt vorhandene Schuldgefühle, sexuelle Ängste und aufgeilende Phantasien, durchwoben mit mangelhafter

Aufklärung, fehlender Offenheit und wenig Unterstützung in der Familie bilden das Grundmuster. Kaum jemand vermittelt ihm einen positiven Bezug zu seinem Penis. Wie soll da männlich-sichere Emotionalität entstehen?

Schon bei der elementarsten Erziehung zur Hygiene wurde ihm selten bis nie gezeigt, daß er die Vorhaut zurückschieben müßte, um seinen Penis gründlich zu reinigen. Schmerzhafte Rötungen und Entzündungen können die Folge sein, die den Jungen über kurz oder lang eventuell sogar zu einem medizinischen ›Fall‹ machen, der nicht selten operationsbedürftig (Vorhautentfernung wegen Infektion) wird. Eine weitere schlechte Erfahrung mit dem Penis! Es gibt nicht wenige junge Männer, die bei ihrem ersten Geschlechtsverkehr Schmerzen haben und bluten, weil die Vorhaut erst dann zum ersten Mal richtig zurückgeschoben wird und wegen mangelnder Elastizität einreißt.

So ›passiert‹ den meisten jungen Männern ihr erster Beischlaf. Bis es aber soweit ist, kommt zu all dem belastenden ungelösten Gefühlswirrwarr noch die nebulöse Information hinzu, daß es zweierlei Arten Frauen gibt (anständige und weniger anständige ...) und daß ein Mann, um ›gut‹ zu sein, potent sein muß. ›Potenz‹ hat aber wiederum mit dem Penis zu tun, der doch die Ursache so vieler Schuldgefühle ist ...

Vielleicht hat ein junger Mann Glück und findet eine aufgeklärte, erfahrene Sexualpartnerin, die um seine anerzogene Verunsicherung weiß und dadurch seinen gefühlsabwehrenden Panzer auflösen kann, ohne ihn zu überfordern. Von all den Befragungen über ›das erste Mal‹ scheint das aber eher eine Ausnahme. Wen wundert es, daß Männer sich meist ungern an ihre ›ersten Male‹ erinnern?

Ich zitiere einige Kurzberichte verschiedenster Männer über ihren ersten Geschlechtsverkehr.

»Ich war überrascht, wie schnell alles ging. Irgendwie passierte es ohne mich. Ich hatte dann den Eindruck, ich müsse mich entschuldigen. Sie lachte nur ...«

»Ich kam schon, als sie mich bei sich einführen wollte. Es war schrecklich peinlich. Ich hatte es mir ganz anders vorgestellt ... stundenlang ... und so ... Ich bin dann gegangen und habe ihr Blumen gesandt. Wiedersehen wollte ich sie nicht mehr, obwohl sie einige Male anrief ...«

»Es tat mir sehr weh, ich überlegte die ganze Zeit, ob ich etwas bei mir zerrissen hatte oder falsch gebaut sei. Mein Ständer ging aber nicht weg, und sie bewegte sich ruckartig, immer schneller, bis es ihr dann kam. Ich konnte nur die Zähne zusammenbeißen. Nachher war ich es, der ins Badezimmer rannte, um nachzusehen. Ich ging dann zum Arzt, der mir eine zu enge Vorhaut diagnostizierte und mir zu einer kleinen Operation riet. Nach dem Eingriff dauerte es sehr lange, bis ich wieder den Mut fand, mit einer Frau zusammen zu sein ...«

»Es war scheußlich! Sie war genauso verkrampft und unerfahren wie ich. Wir haben dann versucht, uns zu betrinken, um uns zu entspannen. Aber da ging bei mir gar nichts mehr. Die Beziehung kühlte dann bald ab. Ich schlief dann das erste Mal mit einer Prostituierten, die sehr viel Geduld und Erfahrung hatte. Nach wie vor finde ich es am besten, mit so einer Frau Geschlechtsverkehr zu haben. Am tollsten ist es dann, wenn ich so gut bin, daß selbst eine abgebrühte Hure einen Orgasmus hat ...«

»Ich wurde buchstäblich verführt von einer Freundin meiner Mutter. Zuerst verstand ich gar nicht, was sie von mir wollte, bis sie dann sehr deutlich wurde. Da ich nicht wußte, wie ich am schnellsten weg konnte, habe ich die

Augen geschlossen und mir vorgestellt, es sei meine Deutschlehrerin. Die sah wirklich umwerfend aus, eine richtige Klassefrau. Nicht so eine überdrehte magersüchtige Schreckschraube wie die Freundin meiner Mutter. Die fand mich auch nachher noch ganz super. Das war mir bereits damals schleierhaft – ich meine, daß eine Frau nicht spürt, wenn beim Mann alles nur mechanisch, ohne viel Gefühl, abläuft. Anscheinend genügt es, daß einer eine Erektion hat und dann beim Orgasmus grunzt ...«

Bei solchen Umfragen fällt auf, wie wenig schon die jungen Männer über ihre Gefühle reden – die Erzählungen erinnern eher an Leistungsberichte im Sinne von: war es gut oder nicht. Daraus ist leicht zu schließen, daß Sexualität bereits ins Leistungsdenken abgeschoben wurde und die Gefühlsabwehr gut funktioniert. Geschlechtsverkehr sollte eine Tätigkeit, eine Aktivität sein – eben eine Leistung, die mit Gefühlen wenig bis nichts zu tun haben darf, sonst entstehen wieder Schwierigkeiten.

Fast unmerklich wird der junge Mann von seinen Eltern und seiner Umwelt in eine genau umrissene Form hineingepaßt: ein Mann hat ›eigentlich (körperlich) keine Probleme‹ mit seiner Sexualität – ganz im Gegensatz zu einer Frau, die anscheinend ›eine (seelisch) viel kompliziertere‹ Sexualität leben muß.

Und gerade diese beiden Aussagen bewirken unzählige seelische Verunsicherungen und genauso unzählige kaputte Beziehungen – sie gehen von grundlegend falschen und irreführenden Annahmen aus!

Der Mann, der ›eigentlich keine Probleme‹ mit seiner Sexualität haben sollte, ist der gleiche, der in einer Riesenansammlung von sexuellen ›Pfuis!‹ und Verboten aufgewachsen ist wie Penisberühren, früherotische Kinderspiele (›Doktor‹-Spiel), sexuell gefärbte Redewendungen, Inspektion und Betasten der mütterlichen Geschlechtsorgane, Kommentare über Vaters Nacktheit, Bemerkungen über Mädchen und Frauen ... usw. usf. Wenn man bedenkt, daß bestimmte Kulturen die Penisabwertung sogar als religiös-hygienisches Ritual (z. B. Beschneidung) integrieren ... Bitte − wie soll es da möglich sein, daß ein Mann sexuell ›eigentlich keine Probleme‹ hat?!

Ein Mädchen erlebt wesentlich weniger sexuelle ›Pfuis!‹ in seiner Erziehung, ist von daher also freier und unbelasteter − und nicht umgekehrt. Die Sexualität der Frau ist somit angst- und druckfreier als die des Mannes.

Der kleine Junge hingegen mußte lernen, seinen Penis ›in Ruhe‹ zu lassen (aus ihm damals völlig unverständlichen Gründen). Pipi-machen lag drin − sonst war ihm sein Penis buchstäblich *verboten!* Damit er später als Mann seine Sexualität trotzdem einigermaßen leben kann, muß er folgendes seelisches Kunststück bewältigen: schlagartig die Verbote und Nein-Botschaften bezüglich seines Körpers, seines Ich-Gefühls vergessen, die ihm in seinen ersten und prägendsten Jahren auf den Lebensweg gegeben wurden. Und ebenso schlagartig eine ›gute‹ Beziehung zu Penis und Sexualität entwickeln und zeigen.

Aus seinem ›Pfui!‹-Glied soll jetzt plötzlich ein akzeptiertes und sogar bewundertes Sexualorgan werden, das nicht aktiv genug sein kann − was bis jetzt verboten, unkeusch, schmutzig war, sollte nun mit bestmöglicher Leistung seine Männlichkeit beweisen ...

Dabei wurde er von allen Seiten her, jahrelang, buchstäblich zur Impotenz erzogen − gefühlsmäßig und körperlich! Ein totaler Irrsinn, dem der Mann nur mit immer ausgeprägterer Gefühlsabwehr begegnen kann!

Diesen Widerspruch und Konfliktherd in sich spürt der Mann sehr wohl, er kann nur nicht damit umgehen. Seine Kindheitserinnerungen an Sexualverbote sind entweder sehr verschwommen oder er vertritt die irrige Ansicht, das alles sei ja jetzt ›vorbei und unwichtig‹ für ihn. Welcher verhängnisvolle Irrtum! Unsere patriarchale Gesellschaft hat als Erklärung für dieses männliche Schwanken zwischen ›ihm erlaubt‹ und ›ihm verboten‹ ein Geschichtchen erfunden, das komisch wirken könnte, wenn es nicht so tragische Folgen hätte.

Es ist das Geschichtchen von den zweierlei Frauen. Es gibt angeblich Frauen, die sind moralisch und sexuell ›anständig‹ und ›sauber‹, wie die eigene Mutter oder die Madonna — denen gegenüber tritt der Mann natürlich anders auf als bei den ›unanständigen‹ Frauen, den Flittchen, den Leicht-zu-Habenden.

Befragt man einen Mann über diese Unterscheidung, so wird es bald offenbar, daß die ›anständigen‹ Frauen auch immer die sind, die beim Mann wesentlich weniger Begierde, Geilheit, Lust und Befriedigung auslösen als die ›unanständigen‹. Auf das ›Warum?‹ antwortet er dann schulterzuckend, es sei wohl eine Frage des Respektes. Entweder er respektiere eine Frau, dann werde er kaum so richtig schweinisch (!) oder er sei mit einer zusammen, die er nicht respektieren müsse ... Aber dann: Mann, oh Mann! ...

Die Schlußfolgerung daraus springt einem förmlich an den Kopf:

● Die Frau, die beim Mann die höchste Geilheit und Lust auslöst, erinnert ihn an seine geilen Lustphantasien in der frühen Jugend, an seine erotischen Spielchen mit seinem Penis — an all das, was ihm mehr oder weniger direkt verboten und untersagt war – an all das, was ihm ein schlechtes Gewissen und Schuldgefühle eintrug – an all das, was er eigentlich mit Erfolg verdrängt und vergessen hat: Eine unschöne, erschwerte, konfliktbeladene Sexualentwicklung, die ihm einen gefühlsmäßig-natürlichen Bezug zu seinem Körper und zu sich selbst verunmöglichte!

● Eine Frau, die ›das‹ mit sich machen läßt, was er sich erträumte, vertritt ja dann all seine ›schmutzigen und unkeuschen‹ Phantasien – sie wird identisch mit der ›schmutzigen und unkeuschen‹, von seinen Eltern damals verbotenen Benützung seines Penis. Die Frau wird selbst zum ›Pfui!‹.

Kurz: Die Frau, die ihm durch das Wachrufen seiner frühverborgenen erotischen Wünsche ungeahnte Lust verschafft und dadurch an seine abgespaltenen Gefühle herankommen könnte, muß logischerweise weggestoßen werden. Sonst wird der Mann mit seiner ungenügend entwickelten und angstbeladenen Emotionalität konfrontiert.

Solange der Mann diesen Teufelskreis nicht erkennt und bearbeitet, wird er ›solche‹ Frauen verlassen oder gar meiden müssen. Um sich selbst zu rechtfertigen, dient ihm dann das Ammenmärchen von der ›unanständigen‹, also für ihn nicht in Frage kommenden Frau. Je stärker der sexuelle Reiz wird, den sie auf ihn ausübt – um so mehr spürt er seine verunsicherte Männlichkeit – er bekommt Angst! Zudem: sollte er jetzt all die Jahre in Frage stellen, die es brauchte, um seinen seelischen Schutzpanzer mühsamst anzupassen? Jetzt, da es ihm immer besser gelingt, sich gegen Verunsicherungen und Verletzungen zu schützen? Jetzt, da er endlich gelernt hat, seine Gefühle abzuspalten oder zu verbergen? Ganz sicher nicht!

Je schöner er also seine Sinnlichkeit mit einer Frau erleben und desto intensiver seine Gefühle werden könnten, um so mehr muß er sich gegen sie sperren. Seine ›mechanisierte‹ Sexualität sollte ihm ja Abstand zu der Frau gewährleisten und das Aufbrechen von Gefühlen verhindern, mit denen er sowieso nicht mehr umgehen möchte ... Wehe seinem mühsam erarbeiteten Seelenfrieden, wenn eine Frau es schafft, diese verdrängten Gefühle hervorzuholen! Seine gesamten emotionalen Verunsicherungen würden hervorbrechen und ihn wiederum kindlich-verletzlich machen, also in seiner angelernten ›coolen‹ Männerrolle schwächen.

Unter Umständen aber kann er die Frau, die ihm seinen ungenügend entwickelten Selbstwert schmerzlich bewußt macht, nicht verlassen. Sei es, weil er bereits mit ihr verheiratet ist, weil sie die Mutter seiner Kinder ist, weil er sie ›doch‹ liebt ... In dem Fall aber flüchtet der Mann instinktiv zurück in die Rolle des ›lieben und anständigen‹ Jungen, des geschlechtlichen Neutrums. Er wird impotent! Auf die Art entzieht er sich den Ansprüchen der Frau, die ihm über die Sexualität hinaus seelische Schwierigkeiten verursachte. Dadurch laufen diese Männer nie Gefahr, mit den eigenen Verunsicherungen und ihrem mangelnden Ich-Gefühl konfrontiert zu werden. Eine instinktiv-gute Selbstschutztaktik!

Männer, die aus einem Elternhaus stammen, das körperfremd oder gar körperfeindlich eingestellt war (Eltern, die sich nie nackt zeigten oder keine Zärtlichkeiten austauschten, mehr oder weniger deutliche Verbote bezüglich Penisberühren, wenig bis keine Aufklärung, keine Gesprächsmöglichkeiten über sexuelle Anliegen, usw.), zeigen häufig als unbewußte Gegenreaktion auf ihre penisabwertende Erziehung eine starke Tendenz zu amourös-unverbindlichen Abenteuerchen und treten gerne als (körperliche) Potenzprotze auf – heiraten aber möglichst eine ihnen sexuell bald gleichgültige (›anständige‹) Frau, die in besagtes Erziehungsprogramm hineinpaßt.

Es sind dieselben Männer, die sich dann beklagen, die eigene Frau sei passiv und phantasielos beim Geschlechtsverkehr, aber eben eine gute Hausfrau und Mutter. Was das Bett betreffe, na ja, da habe ›mann‹ ab und zu eine kleine Freundin ... ein Mann brauche auch etwas ›fürs Gemüt‹.

Würde einem solchen Mann gesagt, daß er seine Frau programmgemäß für die erlaubte, d. h. anständige und langweilige Benützung seines Penis gebrauche (ungefähr wie Urinieren, aber befriedigender), die Freundin (die er abschieben kann, wenn es ihm zu ›heiß‹ wird) hingegen für die verbotene, d. h. unanständige und höchst leidenschaftliche Nutznießung ... er wäre beleidigt, empört, vor den Kopf gestoßen, schockiert und ganz sicher nicht einsichtig!

Durch eine solche Lebensweise schützt sich der betreffende Mann erfolgreich vor der beklemmenden Erkenntnis, daß er sich und seine Körperlichkeit nicht ernst nimmt – daß er sich in seiner Männlichkeit und Sexualität abwertet. Er bleibt den Verboten aus seiner Erziehung völlig verhaftet – gerade dadurch, daß er sich hinter der eigens für diesen Selbstschutzzweck entstandenen Rolle versteckt: die des Macho! (Je verunsicherter innerlich, um so kaltschnäuziger äußerlich ...)

Diesem Mann wird *Potenz* in jeder Form unglaublich wichtig. Je potenter, mächtiger er ist, um so stärker und unangreifbarer fühlt er sich. Beruflich möchte er möglichst an die Spitze, er arbeitet rund um die Uhr, sportlich kann nichts zu anstrengend sein − er baut sich langsam ein Allezeit-bereit-Image auf.

Im Bett sollte er auch Höchstleistungen vollbringen − dabei ist es nebensächlich, daß er von seinem leisen Gefühl her eigentlich nach dem ersten Mal bereits genug hatte. Er könnte von der erwarteten Männerrolle her ›zu wenig‹ sein, den Ansprüchen nicht genügen, dem Vergleich mit anderen Männern nicht standhalten ... Das Bett wird zur Bühne. Wird er Applaus ernten oder nicht? Dadurch, daß er die Frau hauptsächlich als Publikum für sexuelle Kraftakte braucht, raubt er sich die letzte Möglichkeit, sich wenigstens in der körperlichen Intimität als ›Mensch‹ spüren zu dürfen. Er lebt und orientiert sich nur noch an künstlichen, phantasiebefrachteten ›Männer‹-Bildern.

Je nach dem Ausmaß seiner inneren Verunsicherung muß er natürlich dementsprechend cooler, tüchtiger, autoritärer, stärker, beherrschender, distanzierter, erfolgreicher, usw. wirken und möglichst auch sein. Hinter jedem Macho kauert ein kleiner Junge − verunsichert und nach Stärke verleihenden Richtlinien suchend.

An den Mann

Haben Sie sich an Episoden aus Ihrer Kindheit und Jugend erinnert, die penisabwertend waren für Sie? Konnten Sie auch bereits Rückschlüsse ziehen und die Zusammenhänge mit heutigen Schwierigkeiten im Gefühlsbereich erkennen? Vielleicht haben Sie einen kleinen Sohn ... Es ist anzunehmen, daß Sie von jetzt an viel aufmerksamer sein werden, was seine langsame Entwicklung zur Männlichkeit betrifft. Er wird es Ihnen danken!

Die gängige Erziehung des Mannes in unserer Gesellschaft ist durch mangelnde Information noch penis- und somit gefühlsabwertend. Aber durch gezielte Hinweise kann das Verstehen um die negativen Folgen geweckt und die nötige Aufklärung gefördert werden. Andererseits kann das Erkennen dieser programmierten Impotenz Wut, Ungläubigkeit, Trauer, Aggression auslösen. Dann stellt sich logischerweise für den Betroffenen die Frage: Wie prägend, wie beschneidend in meinem Leben äußert sich *meine* penisabwertende Erziehung? Wo liegen meine Gefühls- und Potenzängste?

Betrachten wir zur Illustration, zu welchen Extremen penisabwertende Erziehung führen kann.

Der Exhibitionist: Dieser Mann kennt nur eine Möglichkeit, seinen Penis positiv zu spüren: durch die ›Bewunderung‹ und ›Beachtung‹ der Umwelt. Es wirkt wie ein kindliches Nachholbedürfnis, wenn er sich als ausgewachsener Mann mit offenen Hosen in der Öffentlichkeit präsentiert: »Schaut ihn an – ist er nicht schön, mein Penis!?«

Hätten die unfreiwilligen Zuschauer mehr Information und dadurch Verständnis, dann würden sie nicht erschrecken, sondern könnten beifällig nicken oder anerkennend pfeifen. Dieser spät-kindlichen Aufforderung nach endlicher Penis-*Aufwertung* wäre Genüge getan! Mehr verlangt und braucht der ›Zur-Schau-Steller‹ gar nicht — er ist harmlos in seinem Bestätigungswunsch.

Der Voyeur: Ähnlich dem Exhibitionisten hat dieser Mann nur eine Möglichkeit, um seine verunsicherte Geschlechtlichkeit wenigstens teilweise erleben zu können. Er wird zum ›Zaun-Gast‹, wenn andere Intimitäten austauschen. Dadurch gelingt es ihm, für kurze Zeit aus seiner ihn sonst lähmenden Penisabwertung ›auszusteigen‹ — er ›darf‹ sich erregen, erlebt eine Erektion und kommt zum Samenerguß. Je nach Ausmaß seiner Störung kann er durchaus in der Lage sein, Geschlechtsverkehr auszuüben. Die stärkste Lust aber erlebt er durch das Stimulans der Beobachtung anderer in sexuell gefärbten Situationen.

Der vitalgeschwächte Mann: Ob dieser Mann verheiratet ist oder nicht — Geschlechtsverkehr wird aufs Wesentliche beschränkt und findet so selten wie möglich statt. Eine freudlose und schnelle Sache!

Dieser Mann zeigt wenig bis keine Rücksicht auf seine Sexualpartnerin und schon gar kein Eingehen auf ihre Wünsche. Es geht einzig und allein um seine körperliche Befriedigung, ›damit er wieder mal Dampf ablassen kann‹. Er will auch nichts hören oder lernen über Sexualtechniken. Etwaige Kritik seiner Partnerin übergeht er, oder quittiert sie mit Bemerkungen wie sie hätte eben kein Temperament, sie sei zu langsam, er sei schließlich kein Zuchtstier, sie hätte zu viele Filme gesehen, bzw. zu viel mit ihren Freundinnen gequatscht ... usw.

Der Eunuch: Für diesen Mann gab es nur einen Ausweg aus seiner männlich-sexuellen Minderwertigkeit: er ›vergißt‹ seinen Penis. Er hat gar nicht die seelische Kraft, all die Nein-Botschaften in seiner Erziehung bezüglich seines Penis auf die Seite zu schieben, oder gar zu bearbeiten.

Er ›entsagt‹ der Sexualität, er wählt den für ihn einfacheren Weg. Wenn die penisabwertende Erziehung in seinem Elternhaus zusätzlich einen stark religiösen Hintergrund hatte, bietet sich einem solchen Mann der Dienst an Gott als ideell-religiöse Lösung. Er weiht sein Leben (seinen Penis) Gott, er ›verzichtet‹ auf den Genuß körperlicher Sinnlichkeit. Nur, daß es meistens eben gar kein Verzicht ist, sondern eine Erleichterung.

Der Sadist: Hier konnte eine unerhört penis- und sexualfeindliche Erziehung einen Mann zu häufiger sexueller Brutalität bis hin zum Sittlichkeitsverbrechen treiben.

Unbewußt verabscheut dieser Mann seinen Penis derart, daß er ihm nur noch für das Schlechteste ›gut genug‹ ist. Der Mann will damit verletzen, schänden, eventuell sogar töten. Er will ›das‹ anderen antun, was ihm mehr oder weniger direkt in seiner Kindheit selbst angetan wurde.

Wir alle kennen Berichte von schauderhaften, menschenunwürdigen sexuellen Vergehen an Kindern und Erwachsenen. Was muß der betreffende Täter in seiner Erziehung erlebt haben ...!

Der Masochist: Ähnlich wie beim Sadisten ist diesem Mann auch kein positiver Bezug zu seinem Penis möglich. Nur daß er hier seine anerzogene sexuelle Ablehnung gegen sich selbst richtet. Lust empfinden ist mit sofortiger körperlicher Strafe gekoppelt, was zur totalen Verwirrung führt, ob jetzt Lust Schmerz auslösen muß oder umgekehrt. Die beiden Empfindungen sind untrennbar miteinander gekoppelt.

Dieser Mann läßt sich schlagen, peitschen, demütigen ... in extremeren Fällen lebt er seine innere Penisabwertung buchstäblich aus: er schnürt sein Glied ein, brennt es an, durchsticht es mit Nadeln, versucht, sich selbst zu ›entmannen‹ ...

Eine eher abschreckende Illustration ...!

Doch stark penisabwertende Erziehung kann sich durchaus noch anders äußern − ich habe Ihnen nur die bekanntesten Manifestationen beschrieben. Fällt Ihnen dabei auf, daß Sie keine spezifisch-weiblichen sexuellen Auffälligkeiten kennen? Frauen in unserer Gesellschaft erleben kaum je eine derart körper- und gefühlsfeindliche Erziehung, wie sie Männern zuteil wird, die dann im Erwachsenenalter schlagartig einem unglaublich starken sexuellen Leistungsdruck ausgesetzt sind.

Kein Mädchen wird so zum geschlechtlichen Neutrum reduziert wie ein Junge − im Gegenteil: Im Mädchen wird bald einmal die kleine Eva, die niedliche Verführerin, die Miniatur-Frau gesehen. Der Junge hingegen wird bis in die Pubertät meistens als geschlechtlich neutral behandelt, seine gefühlsmäßig-sexuellen Impulse unterdrückt und verdrängt. Wenn wir das, was praktisch jeder Junge in seiner frühkindlichen Erziehung erlebt, auf Mädchenerziehung übertragen, würde es etwa so lauten: »Nimm die Finger von deiner Klitoris ... setz dich besser hin auf der Toilette, damit nichts daneben geht ... Du hast wieder Flecken vorne auf deinem Rock ... nimm die Hände aus den Rocktaschen ... reib' dich nicht an Tischecken ... pfui, jetzt zeichnet sich die Klitoris wieder ab, man sieht alles ... sie wird dir noch abfaulen ...«

Welcher Blödsinn, nicht wahr!? Aber so wachsen die meisten Männer auf. Paradoxerweise schiebt man ihnen Eigenschaften zu wie ›einfach ... direkt ... unkompliziert ...‹. Wie er sich auch wendet, der Mann hat von der Außenwelt her nur wenig Chancen, aus dieser Männerbild-Preßform aussteigen zu können. Er weiß, er hat leistungsmäßig der Frau turmhoch überlegen zu sein und gefühlsmäßig eben ... einfacher ... direkter ... unkomplizierter ... Schwäche zeigen liegt auf keinen Fall drin – weder seelisch noch körperlich. Das wäre laut Preßform unmännlich.

Erkennen Sie, wie sehr der Mann zum Opfer eines Systems wurde, das er selbst geschaffen hat? Das Patriarchat bedingt und verlangt die Herrschaft des männlichen Denkens über seine Gefühle: Es ist wichtiger, wie etwas wirkt und sein soll, als wie etwas gespürt und wahrgenommen wird – also eine totale Ich-Kontrolle.

Dem Mann bleibt kaum mehr eine Möglichkeit, gesunden und sicheren Selbstbezug zu entfalten:

● In der Entwicklungsgeschichte des Mannes wurden ihm seine natürlich-männlichen Urgefühle allmählich zugeschüttet mit dem sinnenfeindlichen patristischen Leistungsdenken.

● Es fehlt ihm an tragfähigen Vorbildern, die ihm in der heutigen Zeit zeigen, was Mann-Sein auch noch bedeuten kann neben dem ständigen Konkurrenzkampf, dem Streben nach mehr Bedeutung und Geld. Der Vater, der als männliche Orientierungshilfe die nächste und wichtigste Bezugsperson wäre, ist meist nicht verfügbar oder selbst ein Opfer des patristischen Systems, oder einfach zu schwach, dem Sohn zusätzliche Werte vermitteln zu können.

● Die mehr oder weniger körperfeindliche Erziehung, die vor allem den Mann trifft, nimmt ihm auch noch die naheliegendste Möglichkeit, um Ich-Gefühl zu entwickeln: es fehlt ihm der positive Körperbezug.

Ein Gefühlskahlschlag auf der ganzen Linie! Was bleibt dem Mann überhaupt anderes übrig, als tüchtig und zuverlässig in der schmalen Leistungsspur, die sein Leben sein sollte, dahin zu trotten ...?

Seit dem ersten Kinsey-Report (1948) über männliches Sexualverhalten weiß ein Mann auch sehr genau Bescheid, wie er sich im Bett mit einer Frau verhalten sollte. Vermutlich wollte der Kinsey-Report nur eine Aufklärung bieten − statt dessen begann eine Verallgemeinerung sondergleichen des männlichen Sexualverhaltens! Der Mann wußte nun genau, wie viele Orgasmen er in wieviel Zeit mit wieviel Abstand haben sollte ... Wenn er dieses sexuelle Leistungsprofil nicht schaffte, überfiel ihn die böse Ahnung, daß jeder andere besser und potenter sein könnte ...

Filme und Zeitschriften setzen den Mann immer stärkerem sexuellen Leistungsdruck aus. Die frühere patristische Angst, daß die Frau von einem anderen schwanger werden könnte, ist heute ersetzt durch die männliche Vergleichsangst.

Die männliche Trickkiste, um sexuelle Höchstleistungen zu erzielen, wird immer umfangreicher: spezifische Nahrung (viel Eiweiß), Potenztropfen (eine halbe Stunde vorher in etwas Wasser), zuerst ins Bad und onanieren (bessere Ausdauer beim Koitus), einige vertiefte Übungen des Zen-Buddhismus (den Orgasmus möglichst vermeiden durch Hinauszögern der Lust), usw. Sexualität als Leistung – die Frau als Publikum – der Mann überfordert!

Dazu kommt, daß der Mann viel offener und verletzlicher ist in seiner Sexualität als die Frau. Er wird nie genau wissen, wie ehrlich eine Frau mit ihm ist in bezug auf Körperlichkeit. Spielt sie ihm höchste Lust vor – oder empfindet sie tatsächlich so? Er hingegen zeigt mit seiner Erektion zumindest seine Bereitschaft – oder eben nicht! Selbst sein Orgasmus ist nachweisbar. Er, und damit seine Partnerin, sind der Reaktion seines Körpers ausgeliefert.

Wehe, der Penis macht schlapp! Ist es, weil der Mann die Frau kaum begehrt? Und sein Penis sich weigert, schon wieder ›mechanisierten Sex‹ zu betreiben, um irgendwelchen Maßstäben zu genügen? Oder könnte es sein, daß die betreffende Frau an seine versteckte Beziehungsangst rührte? Seine Furcht vor emotionaler Überforderung auslöste, und seine Potenzängste mobilisierte?

Sehen Sie, es würde sich lohnen, ungenügend entwickelte Emotionalität aufzuarbeiten – und sei es nur, um endlich von diesem Leistungsdruck befreit zu sein. Mit der zunehmenden Ich-Sicherheit des Mannes verschwinden sowohl Angst wie Störungen. Sexualität muß nicht mehr der krampfhaften Ich-Bestätigung dienen – Orgasmen werden zu dem, was sie sein sollten: zum gefühlsmäßigen Ausdruck männlichen Begehrens.

4. Der Mann als Sohn und Vater

Anwesende, verfügbare, verantwortungsbewußte Väter scheinen heute eine aussterbende Rasse zu sein! Nur stellt sich die Frage, ob es diese Rasse überhaupt je einmal gab ...?

Das Bild des patristischen Vaters, der in ruhiger Sicherheit oben am Tisch thronte, das Tischgebet sprach, den Seinen gütig und gerecht das Wort erteilte und den Braten tranchierte, mag manches Männerherz mit wehmutsvoller Sehnsucht nach einer längst vergangenen (und nie dagewesenen!) Zeit erfüllen. Irgendwie scheint dieses märchengleiche Vaterbild dem männlichen Wunsch nach einer starken Richtlinie, einer Bereitschaft zur Autoritätsgläubigkeit zu entsprechen. Nur daß hier beim Mann anscheinend ein reelles Bedürfnis herrscht, das sich offenbart durch Aussprüche wie: »Mein Chef sagte ... mein Trainer meinte ... auch der Hauptmann sagte ...« Der heutige Mann sucht nach Vaterfiguren, möglichst autoritären, an denen er sich orientieren kann, muß oder darf.

Warum diese Bereitschaft vieler Männer, sich hinter einen Vorgesetzten, einen Freund zu stellen und sich Richtlinien geben zu lassen? Der Versuch, dieses Verhalten als Durchbruch, als Überbleibsel des matristischen Erbes anzuschauen, scheitert – es gab damals keine feststehenden Autoritäten.

Wohl streben viele Männer instinktiv zu anderen Männern, um den tief verankerten Wunsch nach der Ur-Daseinsform, der Jagdgemeinschaft, etwas ausleben zu können. Nur, daß die heutigen ›Jägergemeinschaften‹ in den wenigsten Fällen etwas mit Jagd zu tun haben, sondern eher mit Fußball, Kegeln, Skilaufen, Reiten, Schießen, Golfen ... usw. Ob die Männer sich in Gruppen zum Kartenspielen zusammenfinden oder zum Rotariertreff gehen – unbewußt frönen sie ihrem natürlichen und matristischen Erbe: sie messen sich aneinander, sichern sich eine Stellung durch ihr Können und sonnen sich in ihrem Prestige.

Aber all das hat nichts mit der Suche des modernen Mannes nach Vaterfiguren zu tun. Im Matriarchat, in der Jägergemeinschaft, gab es die gar nicht! Sie waren auch nicht nötig ...

Da orientierten sich die Männer aneinander, ›männliche‹ Werte entwickelten sich ausschließlich im Kollektiv, je nach Bedarf der Sippe; es gab weder feststehende Richtlinien noch starre Werte. Die ›Männlichkeit‹, das Prestige des Jägers maß sich nur an seinem Beitrag für das Wohl der Gemeinschaft – und sicher nicht an irgendwelchen überlieferten, ›väterlichen‹ Bildern.

Von daher können wir also schließen, daß der in einer Männergemeinschaft aufgehobene Mann keinen ›Vater‹ als Richtgröße braucht. Aber das leistungsorientierte Patriarchat kennt keine solchen Gemeinschaften mehr – im Konkurrenzkampf, unter Leistungsdruck wird jeder zum Einzelgänger. Wohl bilden Unternehmen eine ›Scheingemeinschaft‹ nach außen und fördern bei ihren Angestellten das ›Wir-Denken‹; innerhalb des Betriebes aber herrschen unbarmherzige hierarchische Strukturen und dementsprechende Rivalitäten. Letzten Endes ist jeder doch sich selbst der Nächste – also alleine.

Der Wunsch nach Vaterfiguren, nach einem starken Vater, scheint ein Aufschrei des zutiefst verunsicherten, penisabgewerteten Mannes zu sein, der wenig männliche

Orientierung und somit auch wenig emotionale Sicherheit hat: »Wer sagt mir, was Mann-Sein überhaupt bedeutet? Welchen Wert habe ich als Mann? Wo liegt mein Lebenssinn? Bei welcher Einkommenshöhe, welcher Position werde ich wichtig genug? Und wofür?«

Die einzige Person, die ihn auf das Mann-Sein hätte vorbereiten können, wäre sein ›erster‹ Mann gewesen, sein Vater. Die Vater-Sohn-Beziehung wäre dann nichts anderes als ein winzig-kleines Überbleibsel der matristischen Jägergemeinschaft: Da leben zwei Männer in der Familie (Klein-Sippe) zusammen — der ältere, erfahrenere Mann zeigt dem jungen, was es bedeutet, Mann zu sein — was männliche Werte sind — wie ein Mann sich verhält ...

Auf der Basis freiwilliger Zuordnung und allmählicher gegenseitiger Zuneigung wächst das Kind, der junge Mann in einer gesicherten und festgefügten Umwelt auf. Auf natürliche Weise orientiert er sich tagtäglich an dem älteren Mann, bis er in seiner Geschlechterrolle sicher genug ist, um den Herausforderungen der Umwelt zu begegnen. Irgendwelche Formen von Potenzängsten (ob jetzt im Gefühlsbereich, leistungsmäßig oder sexuell) können gar nicht entstehen.

Dieses Bild scheint reines Wunschdenken — dabei wäre es nichts anderes als die matristisch-natürliche Entwicklung eines Jungen zum Mann. Dadurch, daß in unserer Gesellschaft aus dem ›älteren Mann‹ ein ›Vater‹ nach patristischer Schablone werden mußte, entstanden nur Verwirrung und Gefühle der Unzulänglichkeit beim Mann. Was, zum Donnerwetter, ist denn ein ›Vater‹?!

Mit viel Phantasie entstand im Patriarchat eine ganze Serie von Eigenschaften, die solch einen ›Vater‹ ausmachen sollten. Die Tatsache, daß es in der Entstehung der

Menschheit den Vater gar nicht gab, die Männer sich gegenseitig als ›Bruder‹ ansprachen, fällt dabei völlig unter den Tisch.

Es bleibt einfach eine Tatsache, daß Vater-Sein keinem biologischen Bedürfnis entspricht und somit auch kein Verantwortungsgefühl auslöst – der Mann keinen ›Kinderwunsch‹ in seinem Körper spürt, daß er kein Embryo neun Monate in seinem Bauch bewußt heranreifen läßt, sich Tag und Nacht auf dessen Geburt gefühlsmäßig vorbereiten kann und muß. Sein Beitrag zu der Entstehung eines Kindes war einer seiner Orgasmen, der mehr oder weniger zufällig zur Zeugung führte. Das Sprichwort »Vater werden ist nicht schwer, Vater sein dagegen sehr« spiegelt deutlich die männliche Hilflosigkeit und Überforderung dem Vaterpart gegenüber.

Betrachten wir nun einmal die übliche Vater-Sohn-Beziehung: Von dem eigenen Vater erfuhr der heutige Mann in allererster Linie, daß gerade Vaterschaft, entgegen aller großen Worte, anscheinend völlig unwichtig war. Der Vater war selten zu Hause – und wenn, dann war er müde und abgespannt und kaum ansprechbar. Eigentlich brauchte es den Vater gar nicht, alles Wichtige im Familienalltag lief sowieso ohne ihn. Von männlicher Orientierungshilfe für den Sohn konnte somit keine Rede sein. Männer waren anscheinend wortkarg, kaum zärtlich, wenig interessiert, aber durchaus kritikbereit.

Dieses distanzierte Gehabe signalisierte dem Sohn deutlich, daß Gefühle haben, oder gar zeigen, ganz sicher nicht Männersache war – schon gar nicht Frau und Kindern gegenüber. Gefühle zeigen bewirkt Nähe – Vater will aber keine! Das, was Vater außerhalb der Familie tut, ist ihm anscheinend viel wichtiger als seine eigene Familie. Wäre er sonst so häufig abwesend? So lernt der kleine Junge bald, daß Vater mehr oder weniger Gast ist im eigenen Haus, sich aber meist eine dieser Tatsache unangepaßte Vormachtstellung herausnimmt und beansprucht.

- Bei Gesprächen am Familientisch weiß Vater kaum Bescheid. Er steht sowieso außerhalb der Geschehnisse, stellt dementsprechend eigenartige Fragen (wenn überhaupt) und reagiert empfindlich, wenn ihm die Antworten mißfallen.
- Ohne die Gegenwart der Mutter ist Vater hilflos. Er weiß nicht, wie der Tagesrhythmus der Kinder aussieht, wann was zu machen ist und wo sich Dinge befinden. An häuslichen Aufgaben (bis auf Spiegeleier und Rasenmähen) scheitert er sowieso, kritisiert aber häufig die Arbeitsweise der Mutter.
- Wenn Vater den starken Mann im Haus zeigen will, macht er sich meist lächerlich, weil er nicht genau weiß, wovon er spricht, dabei aber sehr auf sein ›Recht‹ pocht. (»Wer bringt das Geld nach Hause?«)

Ein sehr unzulängliches männliches Vorbild für einen heranwachsenden Jungen!

Wo bleibt da die matristisch-natürliche Orientierung, die der ›ältere‹ Mann dem Jungen geben und zeigen sollte? Bei den großen, aber bedeutungslosen Worten über Vaterschaft? Bei einem Vater, der durch Abwesenheit glänzt? Woran soll denn ein Junge merken können, was Mann-Sein in unserer Zeit tatsächlich beinhaltet und bedeutet? Dazu fehlt ihm das ernstzunehmende Vorbild und damit auch die Vorbereitung auf seine eigene spätere Vaterrolle.

Vater nimmt ihn nicht tagtäglich, oder zumindest häufig, mit ins Büro, in den Betrieb, auf die Reisen – einfach dorthin, wo sich sein Männerleben abspielt. Häufig weiß der Junge gar nicht, was Vater eigentlich tut.

Hingegen weiß er sehr genau, was die Mutter tut, wie sie reagiert und wie sie empfindet. Aber die Mutter ist kein Mann. Soll er jetzt von ihr lernen, wie ein Mann sich verhält, wie er seine Gefühle zeigt? Wohl kaum. Also doch von dem kaum anwesenden Vater, der eine schwerlich ernstzunehmende Rolle im Familienleben spielt? Eine äußerst klägliche männlich-emotionale Richtlinie.

Die Möglichkeit, daß ein Sohn völlig orientierungslos werden kann, ist groß. Unter Umständen hat er nicht einmal genügend Kraft, um sich den männerüblichen Schutzpanzer aufzubauen, sich den patristischen Rollenbildern anzupassen. Dann kann er im sozialen Abseits stranden, wo gerade die Orientierungslosigkeit zum verbindenden Kitt wird (z. B. in der Drogenszene). Oder er wird zum vielbelächelten, nicht ernstzunehmenden ›Softie‹. Jedes männliche Gehabe ablehnend, wandelt er betont pazifistisch und aggressionslos durch unsere Gesellschaft. Er verabscheut jegliche Form von Autorität und Gesetzgebung (»Ich mag keine Väter!«). Sein prinzipielles Dagegen-Sein lebt er aus als Mitläufer in Demonstrationen, als Teilnehmer an endlosen Weltverbesserungs-Seminarien.

Diese kraftlosen, passiven Söhne einer vaterlosen Gesellschaft tragen wenig zur Verbesserung der patristischen Männerrolle bei. Sie sind das andere Extrem zu den Rambotypen, die sich, ebenfalls wegen Mangel an echter männlicher Orientierung, soviel eingebildet-potentes Gehabe zugelegt haben, daß sie zur Karrikatur werden.

Wenn der Softie und der Rambotyp wüßten, wie ähnlich sie sich im Grunde genommen sind! Beide kämpfen, um ein schwer kastriertes Selbstwertgefühl als Mann überdecken und überspielen zu können.

Lassen wir einen Sohn erzählen! Max, ein 47jähriger Tierarzt, berichtet über seinen Vater, der Pastor war:

»Mein Bruder und ich nahmen unseren Vater nie ernst. Er war der, der nicht einmal fähig war, im Haus einen Nagel richtig einzuschlagen. Als ich 14 war, rief unsere Mutter immer nach mir, wenn es darum ging, irgendeine Reparatur vorzunehmen. Mein Bruder war zuständig für das Auto, das regelmäßig dann streikte, wenn unser Vater es benützen wollte. Er stieg, nachdem er den Motor ein paar Mal abgewürgt hatte, jeweils mit gerunzelter Stirn aus dem Wagen, umrundete das Auto mit vorwurfsvollem Blick und wartete auf die Hilfe meines Bruders. Sonst mußte er Besuche und Termine absagen oder die Hilfe eines Gemeindemitglieds in Anspruch nehmen.

Unsere Mutter versuchte immer, ihn zu schonen und zu schützen vor dem Alltag. Vater konnte sich nie Namen merken und bekam nervöse Zustände vor jeder Kirchenpflegesitzung. Er kannte weder den Geburtstag meines Bruders noch meinen. Seine stereotype Frage an uns war: ›Wie ging es in der Schule, hmm?‹ Einmal fragte er mich, in welche Klasse ich eigentlich ginge.

Unsere Mutter war ständig damit beschäftigt, uns unseren Vater zu erklären oder uns mitzuteilen, was er gesagt oder gedacht habe. (Anscheinend meinte sie, sie müsse ihn uns irgendwie näherbringen.) Am unglaubwürdigsten war sie, wenn sie uns weismachen wollte, daß Vater gesagt habe: ›Das würde den Buben auch gefallen‹ ... Dabei war Vater lediglich an unseren schulischen Leistungen interessiert. Alles andere war ihm gleichgültig, er sah es gar nicht. Ich kann mich nicht erinnern, je eine Zärtlichkeit von ihm erhalten zu haben – außer seine anspornend gemeinten Klapse auf Schultern und Rücken wären so aufzufassen gewesen. Als mein Bruder sich den Fuß brach, empfahl ihm mein Vater, sich vor dem Arztbesuch sein tränenüberströmtes Gesicht zu waschen – es mache sonst einen schlechten Eindruck.

Wegen Vaters Stellung im Dorf hatten wir häufig Besuch, der uns jeweils, Vater zuliebe, schöntat und lobte. Vater saß dann da, dümmlich lächelnd, und murmelte etwas über Vaterglück und Vaterstolz, um uns dann zu fragen, ob wir nicht an unsere Hausaufgaben gehen sollten? ... und das ohne weiteres mitten in den Ferien.

Er starb, als ich gerade mein Abitur machte. Ich habe ihn nie vermißt, mein Bruder auch nicht. Mutter hat sich schrecklich gegrämt; dabei habe ich nie erlebt, daß er je zärtlich war mit ihr, ihr Blumen gebracht oder ihr ein spontanes Kompliment gemacht hätte. Mein Bruder pflegte sarkastisch zu erzählen, daß unser Vater unsere Mutter in fünfundzwanzig Jahren zwei Mal beschlafen habe: ein Mal um mich und das andere Mal um ihn zu zeugen.

Etwas beeindruckte mich zwar an Vater: die unerwartete Kraft seiner Predigten. Plötzlich stand da ein wortgewaltiger, begeisterungsfähiger Mann. Nur daß beim Ausziehen des Talars dieser Teil seiner Persönlichkeit regelmäßig mitverschwand.

Mein Bruder und ich wünschten uns Vater häufiger fort. Ohne seine Anwesenheit sang Mutter, hörte sich unsere Musik an, wir lachten viel und gerne. Kaum war Vater da, wurde aus unserer Mutter eine aufopfernde, untertänige Ehefrau, die uns strafend anguckte, wenn wir es wagten, Vaters Wort anzuzweifeln. Dabei hatte er eine unglaublich pompöse Art, uns Sachen mitzuteilen, als würde er das Evangelium verkünden – meist wußten wir sowieso schon, was er uns sagen wollte. Er hielt es offenbar für seine väterliche Aufgabe, uns ständig an irgendwelche Pflichten zu erinnern. Ein Tick von ihm war unsere ›körperliche Ertüchtigung‹. Wir haben ihn selbst nie bei irgendeiner Sportart erlebt. Er erzählte uns in seiner vagen Art, er hätte sich ›mal‹ einen Schaden an der Wirbelsäule geholt. Natürlich glaubten wir ihm kein Wort.

Als mein Bruder mit achtzehn Jahren seine erste Freundin nach Hause brachte, zitierte ihn Vater nachher in sein Studierzimmer. Nach kurzer Zeit kam mein Bruder mit hochrotem Gesicht und grinsend wieder heraus: der Alte hätte ihn im ›christlichen Sinne‹ aufklären wollen. Er habe ihm aber gesagt, er wisse schon alles. Als ihn Vater dann fragte woher, habe er ihm gesagt: sicher nicht von ihm, sonst hätte er noch lange keine Freundin. Da sei Vater sauer geworden ...

Viel mehr fällt mir zum Thema Vater nicht ein.«

Aus der Schilderung von Max tritt ein farbloser, schwacher Vater, gleichzeitig ein egoistischer und selbstgerechter Ehemann hervor. Nur kurz erwähnte Max seinen Vater in dessen Berufsausübung: der Pastor scheint ein guter Prediger gewesen zu sein. Max erwähnt, daß er den Vater dafür sogar ›bewunderte‹.

Hier erlebte er seinen Vater als Beispiel, als eine Orientierung für sich: daß ein Mann seinen Beruf gut ausübt. Diese Momente waren für Max wichtiger und prägender, als er meint. Dank diesen Bewunderung auslösenden Predigten hatte Max keine Schwierigkeiten in seiner beruflichen Laufbahn. Er wurde ein begeisterter Tierarzt, wie schon sein Vater als Prediger ›begeistert‹ war.

Ein Mann hat Freude an seiner Arbeit und tut sie dementsprechend gut – das war die klare Botschaft, die der Vater Max damit vermittelte. In der Kirche war der Pastor er selbst, ein Mann in der Ausübung seiner Funktion. Kaum zu Hause, schlüpfte er aber in die patristische Schablone, versuchte ›Vater‹ zu sein, wurde dadurch steif, befangen und unangepaßt autoritär seinen Söhnen gegenüber. Statt weiterhin einfach ›Mann‹ zu sein, spielte er die Rolle des ›Vaters‹, wie er es vermutlich schon bei seinem eigenen Vater erlebt hatte. Natürlich bemerkten seine Söhne das Unechte, das Verkrampfte in seiner Haltung und konnten ihn weder ernst nehmen, noch ihm vertrauen. Hätte der Pastor seine Söhne mehr an seinem Beruf teilhaben lassen, sich ihnen mehr als der Mann gezeigt, der er war, statt den moralisierenden, zurechtweisenden und unzulänglichen ›Vater‹ hervorzukehren, wären Max und sein Bruder als Männer glücklicher geworden.

Von des Pastors distanzierter, gefühlskarger Art mit seiner Frau kann man auf seine starke Penis- und somit Gefühlsabwertung schließen, die sich natürlich seinen Söhnen mehr oder weniger unterschwellig mitteilte. Die Verachtung, die der Bruder von Max dem Vater deutlich zeigte, ist ein konkreter Hinweis darauf.

Die Söhne hatten keine Möglichkeit, von ihrem Vater zu lernen, wie ein Mann sich zu einer Frau verhält. Sie konnten anhand der Reaktionen ihrer Mutter nur etwas begreifen: So ganz sicher nicht! Aber wie denn?

Der Bruder von Max ist inzwischen 51 Jahre alt, unverheiratet. Max erzählt, daß sein Bruder ›ein geschworener‹ Junggeselle sei, nach wie vor mit zahlreichen, aber immer harmlosen Abenteuern – jetzt vorwiegend mit sehr jungen (weil anspruchsloseren) Frauen. Er sei auch der, der sich mehr um die Mutter kümmere und sie häufig besuche und einlade. Anscheinend ist sie die einzige Frau geblieben, bei der er es wagt, sich auf Gefühle einzulassen, ohne daß unerwünschte Nähe entsteht.

Max seinerseits ist zum zweiten Mal geschieden, mit insgesamt drei Kindern, zwei Jungen und einem Mädchen. Beide Knaben (je aus einer Ehe) sind schlechte Schüler und neigen zu sozial auffälligem Verhalten. Das Mädchen hingegen sei bereits mit zwölf Jahren eine ›Wunderfrau‹ und sein ›Augapfel‹. Die Beziehung zur Tochter ist für Max verhältnismäßig einfach. Sie braucht ihn nicht zur Entwicklung und Stärkung ihrer Identität – dazu ist die Mutter für die Tochter da – sie kann ›einfach‹ ihren Vater bewundern. Natürlich ist sie dadurch für Max eine ›Wunderfrau‹, ihr Anspruchsniveau ist niedrig, der Vater kann dem spielend und ohne Abgrenzungsängste begegnen.

Weder Max noch sein Bruder haben es geschafft, eine Beziehung zu einer Frau aufzubauen – es fehlten die männlich-emotionalen Voraussetzungen, die ihnen der Vater durch sein Beispiel hätte vermitteln sollen. Sie dürfen Gefühle kaum wahrhaben, da sie nicht gelernt haben, mit emotionaler Nähe umzugehen. Beide Brüder versuchen ›automatisch‹ immer wieder, Frauen in dieselbe Position hineinzudrängen, in der sie ihre Mutter erlebten: unterwürfig und völlig auf den Mann ausgerichtet. Sobald ihnen dies gelungen ist, verlieren sie das Interesse an der Frau, ›lieben‹ sie nicht mehr, weil sowohl Max wie sein Bruder sich instinktiv dagegen wehren, eine ähnliche Beziehung wie schon ihre Eltern zu leben. Ein vom Vater ›programmierter‹, männlicher Teufelskreis.

Max muß zusätzlich noch erleben, wie er ebenfalls als Vater versagt, wie er seinen Söhnen kein Vorbild und keine Orientierung sein kann. Wohl hat er ein ›großzügiges‹ Besuchsrecht – nützt es aber meistens nicht. Es sei so deprimierend, zu merken, wie er nicht wisse, worüber er mit seinen Söhnen reden könnte. Er hätte sich schon bei ähnlich ›blöden Fragen‹ und ›pompösen Mitteilungen‹ ertappt, wie sie sein Vater von sich zu geben pflegte. Ihnen gezeigt, daß er sie gerne habe – nein, das hätte er nie speziell – das wüßten die Kinder doch.

»Irgendwie tut mir mein Vater leid – jetzt fast dreißig Jahre nach seinem Tod. Vielleicht hat er sich bei mir und meinem Bruder genauso hilflos und ausgeliefert gefühlt wie ich bei meinen Söhnen.« Mit dieser ernüchternden, aber sehr klarsichtigen Feststellung schloß Max seinen Bericht.

Er will jetzt versuchen, jeweils einen Sohn während der Woche zu sich zu nehmen, um ihn an seinem ›Männerleben‹ teilhaben zu lassen. »Vielleicht ist es noch nicht zu spät ... vielleicht kann ich doch noch etwas vermitteln«, meint Max.

An den Mann

Vielleicht haben Sie selbst nun ein wenig mehr Verständnis für die erlebten Unzulänglichkeiten Ihres Vaters — aber auch ein Einsehen in die Ihrigen. Denken Sie an die ungeheure Bedeutung der penisabwertenden Erziehung für den Mann. Ein verstümmelter Penisbezug steht im direkten Zusammenhang mit der männlich-emotionalen Verunsicherung, mit dem Abblocken starker Gefühle.

Allzu gern schiebt unser Gesellschaftssystem der Mutter praktisch die Alleinverantwortung zu, was die Erziehung des Sohnes betrifft. Nun — es stimmt eben nur sehr beschränkt. Männer orientieren sich an den Verhaltensweisen der Väter — und sei es nur, um dagegen zu rebellieren.

Überlegen Sie in Ruhe, welche männlichen Werte eigentlich für Ihr jetziges Leben maßgebend waren. Es wird Ihnen Aufschluß darüber geben, ob und wie penisabwertend Ihre eigene Erziehung war. Eltern kann man kaum fragen — meist haben sie ein äußerst schlechtes Erinnerungsvermögen an solche Begebenheiten. Sie wollten ja doch nur Ihr Bestes ... Wenn Ihr Vater früh starb, kaum oder gar nicht anwesend war — wissen Sie noch, welchen Mann Sie sich instinktiv als Orientierungsgröße gewählt haben? Einen Freund Ihrer Mutter? Einen Onkel? Einen Lehrer? Einen Nachbarn?

Vielleicht erkennen Sie jetzt auch die Ursache gewisser Schwierigkeiten bei sich im Umgang mit Frauen, mit Ihrer Frau. Möglicherweise entwickeln Sie sogar eine andere Optik von bestimmten Situationen und lösen damit alte Kommunikationsprobleme. Unter Umstän-

den erübrigen sich Potenzstörungen als Schutzmechanismus.

Gehören Sie zu den Männern, die den eigenen Vater
nie ernstgenommen haben – und sind Sie trotzdem erfolgreich? Also muß er Ihnen doch irgendwelche Werte
und Selbstvertrauen vermittelt haben, um Ihre berufliche
Laufbahn zielbewußt anzupacken, oder?

Haben Sie einen erfolgreichen Macher als Vater – und
Sie erleben sich immer wieder als Versager? Können Sie
sich an Episoden aus Ihrer Kindheit und Jugend erinnern, in denen Ihr Vater Ihnen mehr oder weniger deutlich zu verstehen gab, daß er nicht an Sie glaubt, daß Sie
ihn enttäuschen, daß er sich über Sie und Ihre Ideen lu-
stig macht ...?

Genau dort müßten Sie mit dem Aufarbeiten dieser vä-
terlichen Kastration beginnen, damit Sie Ihren eigenen
Wert spüren und genügend Energie freilegen, um endlich
Ihr Leben nach Ihren Maßstäben gestalten zu können.
Sonst bleiben Sie ein ›Opfer‹ Ihres Vaters. Vielleicht sind
Sie sogar Mutters gefühlsmäßiger ›Idealmann‹? Dann
müßten Sie sich von beiden Seiten freistrampeln. Beginn-
nen Sie mal mit einer geographischen Trennung ...

Wenn Sie aber das Glück haben, einen in seiner Ehe
zufriedenen *und* erfolgreichen Vater zu haben, und selbst
ein glücklicher und erfolgreicher Mann sind – dann
können Sie Worte wie penisabwertend, Kastration, ge-
fühlsabwehrend, emotionaler Rückzug ... usw. gleich
wieder vergessen!

Vielleicht erinnern Sie sich aber an Sätze wie: »Nimm
deine Hand weg ... das tut man nicht ... das ist nicht gut
... das ist unanständig ... pfui! ... wart nur, ich
schneid' ihn dir ab ... wenn ich dich noch einmal erwi-
sche, gibt es Schläge ...« Damit wurde eine entscheiden-

de Weiche in Ihrem Leben gestellt: Sie haben erstmals verstanden, daß spontane Empfindungen versteckt oder gar unterdrückt werden müssen. Die maßgebende Botschaft für ein ›typisches‹ Männerleben!

Erkennen Sie die Zusammenhänge? Wenn Ihnen schon früh Gefühlshemmnis sich selbst gegenüber anerzogen wurde, haben Sie natürlich Mühe, Ihre Gefühle ernst zu nehmen oder sie zu zeigen. Sie haben nur Vertrauen zu sich, was Ihr Denken und Ihre Leistungen betrifft — aber gerade dadurch könnten Sie Ihrem kleinen Sohn unabsichtlich wieder dasselbe Muster vermitteln. Was ein Vater nicht lebt, nicht spürt, kann er logischerweise kaum seinem Sohn vermitteln.

Sehen Sie, auf einem solchen ›schlechten‹ Fundament sollte der Junge jetzt seine emotionale Entwicklung, seine Beziehungsfähigkeit mit anderen, aufbauen. Dabei weiß er ja, daß er gefühlsmäßig ›nicht gut‹ ist. Es ist vorauszusehen, was passiert, wenn in seinem späteren Leben ein anderer Mensch an diese schuldbewußt ›versteckte‹ Gefühlswelt herankommt. Wenn doch schon der Bezug zu sich nicht stimmte — wie sollte er dann seine Gefühle für einen anderen Menschen bewerten können? Der einzige, der ihm mit seinem Beispiel hätte helfen können, wäre sein Vater gewesen ... Nun — jetzt werden oder sind Sie Vater ...

Sie können Ihr Wissen über matristische Lernprozesse einsetzen: Männer (wie Frauen) lernen voneinander, auf ganz natürliche Weise, in ihrem gemeinsamen Alltag. Ein sicheres Selbstverständnis als Mann entsteht allmählich, durch die Orientierung an anderen Männern, eben an dem ›älteren‹ Mann, an dem Vater. Ganz sicher nicht durch bloße Worte und Vorhaltungen, sondern durch tägliches Beispiel, durch mehr Offenheit, mehr Körperkontakt.

Ihr Sohn erlebt oder wird erleben, wie Sie sich verhalten und reagieren, wie Sie mit sich, mit Ihrer Frau umgehen. Er wird deutlich spüren, was Sie mit Ihren Gefühlen machen, ob Sie dazu stehen können oder wegen Ihrer eigenen Verunsicherung eine näheabwehrende Barriere aufrichten. Er wird sich an Ihnen orientieren können.

Die Betonung im Umgang mit Ihrem zukünftigen oder jetzigen Sohn liegt auf dem Wort *gemeinsam*. Auch wenn Sie nur eine Stunde Zeit haben am Abend − widmen Sie sie ausschließlich Ihrem Sohn. Es ist längst erwiesen, daß für ein Kind eine Stunde volle Zuwendung einen ganzen Tag an gelangweilter und oberflächlicher Präsenz aufwiegt. Spielen, malen, arbeiten, zeichnen Sie mit dem Kind. Geben Sie ihm und Ihnen die Chance, sich gegenseitig kennenzulernen. Sie spielen nicht gerne? Nehmen Sie Ihren kleinen Sohn auf die Knie und lesen Sie ihm mit dramatischer Stimme und vielen Unterbrechungen die Zeitung vor. Er wird fasziniert an Ihren Lippen hängen und später, wenn er größer ist, Sie mit Fragen bestürmen. Eine erste Diskussion ›unter Männern‹ entsteht. Bis dahin wird er denken oder sagen: »Mein Vater und ich lesen am Abend die Zeitung.«

Durch all die wachsenden Gemeinsamkeiten mit Ihrem Sohn entsteht eine kleine matristische ›Jägergemeinschaft‹ − ein Gefühl von Zusammengehörigkeit und emotionaler Sicherheit bildet sich. Ihr Sohn darf sich an Ihnen orientieren, er erlebt männliche Zuwendung und wird von daher später in der Lage sein, dieselbe vorbehaltlos, ohne sich innerlich zu mißtrauen, weiterzugeben; sei es jetzt als Mann oder als Vater.

Nehmen Sie ihn, falls er schon größer ist, mit in Ihren Arbeitsbereich und versuchen Sie, ihm Ihre ›Männerwelt‹ zu erklären. Spielen Sie Fußball mit ihm, gehen Sie gemeinsam in den Wald oder Fahrradfahren. Sagen Sie ihm nicht ständig, was ›mann‹ tun sollte – zeigen Sie es ihm. Dann wird Ihr Sohn es nicht nötig haben, in seinem späteren Leben auf äußere Richtlinien betreffend ›Männlichkeit‹ zu warten, oder auf ›Vaterfiguren‹ angewiesen zu sein.

Genauso wie die Tochter von der Mutter weibliches Verhalten abschaut und lernt, wird Ihr Sohn durch die gemeinsame Zeit mit Ihnen lernen, was es heißt, Mann sein zu dürfen. Lassen Sie nicht zu, daß er in einer fast männer(vater)losen Gemeinschaft aufwächst. Ohne Sie als Leitfigur wird Ihr Sohn orientierungslos in seiner keimenden Männlichkeit. Dann muß er einmal eine von ihm erwartete Rolle spielen, ohne viel Gefühl und Sicherheit – die Rolle des ›Mannes‹ und später die des ›Vaters‹. Es liegt aber an Ihnen, Ihrem Sohn den Weg zum ›echten und natürlichen‹ Mann-Sein zu zeigen und ihn darauf zu führen.

Das Schwierige am ›Vater-Sein‹ ist eben, daß es keine naturgegebene Rolle ist. Streichen Sie doch zu Ihrer Vereinfachung das Wort ›Vater‹ und überlegen Sie nicht ständig, wie Sie sich verhalten sollten, sondern hören Sie darauf, was das Kind von Ihnen möchte. Reagieren Sie dann als der Mann, der Sie sind, und nicht als Schmierenkomödiant!

Das Bild des weisen, gütigen, gerechten, verständnisvollen, strengen Patriarchen konnte doch nur entstehen, weil eben niemand wußte, wie und was ein Vater eigentlich sein sollte. Also dichtete unsere Gesellschaft dem Mann, kaum hatte er ein Kind gezeugt, eine Menge edler, praktisch übermenschlicher Eigenschaften an. Es entstand eine neue Rasse: die der ›Väter‹. Eine überforderte und hilflose Rasse ohne tragfähige Vorbilder, eine blut-

und leblose Attrappe. Welcher Mensch hält denn schon die Ansprüche aus, die dieses Vaterbild beinhalten sollte? Die Vermutung drängt sich auf, daß die sogenannten ›Väter‹ mütterlicher als die Frau selbst sein sollten, um die Stellung des Mannes zusätzlich zu sichern. Ein matristischer Patriarch? Ein Matriarch? Merken Sie, oder besser, *spüren* Sie den Unsinn?

Bleiben Sie also ruhig ›Mann‹ mit Ihrem Sohn und lassen Sie ihn an Ihrer ›Männerwelt‹ teilhaben. Vergessen Sie den künstlich geschaffenen ›Vaterpart‹! Behandeln Sie Ihren Sohn so, wie Sie mit einem lieben, aber mit der Materie noch nicht vertrauten und dementsprechend ängstlichen Arbeitskollegen umgehen würden.

Ich zitiere zur Illustration den kurzen Bericht eines bekannten Politikers über seine Beziehung zu seinem Vater:

»Soweit ich mich erinnere, begegnete mein Vater mir immer äußerst ernsthaft und respektvoll. Meine Mutter erzählte gerne, wie er sich weigerte, in irgendwelcher verkürzten Kindersprache mit mir zu sprechen. Er habe mir langsam und geduldig, mit viel Gestik und Mimik, seine Sätze so lange wiederholt, bis ich sie zu verstehen schien. Völlig entgegen dem damaligen Zeitgeist fütterte und wickelte mich mein Vater anscheinend so häufig, wie er nur konnte.

Er war Rechtsanwalt und hatte seine Kanzlei im Haus. Seine Arbeitszeiten waren zu respektieren – ich durfte aber jederzeit bei ihm anklopfen, sollte ich etwas Dringendes haben. Ich erinnere mich an einige Episoden, wo ich das Gefühl hatte, etwas ›Dringendes‹ zu haben. Ich sehe heute noch die belustigt-erstaunten Gesichter etwaiger Mandanten meines Vaters, wenn ich im Türrahmen stand. Aber stets erhob sich mein Vater, entschuldigte sich bei den Anwesenden und kam auf mich zu, lehnte die Türe etwas an und fragte nach meinem Begehren. Je nachdem zeigte er mir auf seiner riesigen Taschenuhr die Zeit, wann ich wiederkommen sollte, oder gab mir gleich Bescheid.

Er unterbrach bei Tisch ein Gespräch, um auf eine Frage von mir einzugehen; gab mir aber auch zu verstehen, daß ich lernen sollte, auf eine Gesprächspause zu warten.

Als ich zur Schule ging, pflegte er mit mir spazierenzugehen, um sich ernsthaft mit mir über Lehrer, Schulstoff und Mitschüler zu unterhalten. Er befragte mich um meine Meinung und teilte mir auch seine jeweilige Ansicht mit.

Nach und nach wurden die Spaziergänge ergänzt oder ersetzt durch ein ›Aperitif-Trinken‹ in seinem Arbeitszimmer. Wie viele Streitgespräche fanden dort statt! Nie aber verbot mir mein Vater den Mund, gab mir aber durch seine unerschütterliche Höflichkeit zu verstehen, daß auch hitzige Auseinandersetzungen mit gegenseitigem Respekt geführt werden können.

Mein Vater ist tot. Aber ich spüre ihn tagtäglich in meinen Beziehungen, in meiner Liebe zu Büchern und endlosen Diskussionen, in meiner Begeisterung für die Natur, in meiner Freude an leiblichen Genüssen. Und ich vergaß nie anzuklopfen, bevor ich die Zimmer meiner Kinder betrat.«

5. Der Mann zwischen Mutter und Frau

Leistungsbetonte, gefühlsgehemmte Väter liefern durch ihre häufige Abwesenheit die Söhne, sehr zu deren Schaden, buchstäblich den Müttern aus!

Das Resultat wird natürlich eine Katastrophe sein, wenn die Mutter versucht, den Sohn gemäß ihren weiblichen Vorstellungen von ›Männlichkeit‹ zu modellieren. Das beinhaltet meistens, daß der Sohn um Himmels willen nicht so werden sollte wie sein Vater!

Die Mutter meint in bester Absicht, sie könnte aus dem Sohn *ihren* Traummann, ihre Stütze, ihren Vertrauten formen. Eigentlich spricht alles dafür, daß es ihr gelingen könnte – schließlich ist sie praktisch Alleinerzieherin, und auch wenn ihr Mann schon mal da ist, kümmert er sich kaum um die Kinder. Sie sind ihm meistens lästig, fordern ihm zuviel Aufmerksamkeit und Zuwendung.

Der Junge ist ohne den Rückhalt des Vaters diesen mütterlich-frustrierten ›Idealmann‹-Vorstellungen schutzlos ausgesetzt. Es ist nachvollziehbar, daß, je unzufriedener mit und aggressiver auf ihren Mann eine Frau ist, um so mehr der Sohn zum Märchenprinzen werden muß.

Der Sohn sollte nun seine geschlechtliche Identität trotz folgendem eigenartigen Muster entwickeln:

● Die väterliche Bezugsperson, die ihm männliche Werte für die Entwicklung seiner Geschlechterrolle vermitteln sollte, ist meistens abwesend und sonst wenig an ihm interessiert ...

● Die mütterliche Bezugsperson, die ihm keinerlei Orientierung für zukünftiges Mann-Sein geben kann, möchte ihm aber ihre weibliche Vorstellung von idealer Männlichkeit anerziehen ...

Nun ist es so, daß Kinder sich trotz allem in unbewußter Identifikationsabsicht immer an den gleichgeschlechtlichen Bezugspersonen orientieren. Deren Verhalten und Eigenschaften sind letzten Endes maßgebend für die Entwicklung und das spätere Leben des Heranwachsenden. Die Interesselosigkeit und Gefühlshemmung des Vaters wirkt also auf alle Fälle stärker prägend auf den Sohn als die noch so gegenwärtige Emotionalität der Mutter. Dazu kommt, daß der Sohn deutlich den entstandenen Konflikt zwischen der Zurückhaltung des Vaters und den emotionalen Forderungen der Mutter spürt. Er erlebt häufig in den Auseinandersetzungen der Eltern, daß die vermeintliche ›Stärke‹ des Vaters gerade im Nicht-Zeigen der Gefühle liegt. Während die Mutter zusehends die Beherrschung verliert, bleibt der Vater ›bewunderswert‹ ruhig und kühl. Natürlich weiß der Sohn nicht, daß gerade Vaters Gefühlskargheit diese Szenen provozierte – er findet einfach die Haltung des Mannes überzeugender.

Der Sohn wird wohl oder übel einige Jahre den Märchenprinzen-Phantasien der Mutter ausgeliefert sein – später kommen aber unweigerlich bei ihm, mehr oder weniger ausgeprägt, die Verhaltensmuster des Vaters zum Tragen. Natürlich mit einer unglaublich starken Aggression auf die Mutter gekoppelt, die versucht hat, ›etwas anderes‹ aus ihm zu machen, ihn zu ›schwächen‹.

Der Sohn kann seinen unterschwelligen Groll auf die Mutter kaum definieren. Seine Aussage: »Meine Mutter versuchte immer, mich zu beherrschen ...« stimmt aber ziemlich genau, wenn man das unbeholfene Wort ›beherrschen‹ übersetzt mit ›In-eine-andere-Rolle-Drängen‹. Der Sohn fühlte sich instinktiv immer stärker zu männlichen Werten hingezogen, zudem empfand er den kühl bleibenden Vater sowieso attraktiver als die ständig Zuwendung fordernde Mutter.

Wenn der Vater seine männliche Verantwortlichkeit und Verfügbarkeit dem Sohn gegenüber nicht wahrnimmt, kann es zu einer schweren Identitätskrise für den jungen Mann führen. Er spürt dumpf, daß er nicht Mutters ›Idealmann‹ bleiben kann und möchte. Ihm fehlen aber greifbare, ihn unterstützende Männerwerte, die ihm aus den lähmenden mütterlichen Phantasien heraushelfen. Ein Sohn ohne väterliche Orientierung kann leicht zum entscheidungsschwachen, aber aggressiven Muttersohn reduziert werden.

Häufig resignieren solche Muttersöhne und ›verbleiben‹ innerlich lebenslang der Mutter. Ab und zu starten sie einen zaghaften, erfolglosen Ausbruchsversuch mit einer anderen Frau. Sie machen dann die Erfahrung, daß die Frauen, die ihnen gefallen, der Mutter nie genehm sind. Mutter hätte was Sanfteres, Angepaßteres vorgezogen ...

Der Vater sucht seinerseits nach (zu späten) Erklärungen, warum ausgerechnet sein Sohn im Leben scheitert, mit Beziehungen nicht umgehen kann. Dabei die Unschuld des Vaters am Versagen des Sohnes anzuzweifeln, hieße gleichzeitig, den Wert eines Gesellschaftssystems in Frage zu stellen, das den Mann als verantwortungsvolles Vorbild, als *pater familias,* als Patriarch, bestimmte. Ein heißes Eisen!

Am Mißlingen der Erziehung des ›jungen Patriarchen‹ darf somit niemals der ›alte Patriarch‹ Schuld haben — sondern nur die vom gesellschaftlichen Standpunkt aus zu- und untergeordnete Frau und Mutter. Es ist interessant, zu bemerken, wie ein erfolgreicher Sohn selbstverständlich ›in Vaters Fußstapfen‹ tritt, während ein schwieriger anscheinend zu sehr ›von der Mutter verhätschelt, verwöhnt oder vernachlässigt‹ wurde! Die mehr oder weniger ausgeprägte Unzulänglichkeit des Vaters in beiden Fällen kommt gar nicht zur Sprache – das ohnehin strapazierte ›Vater-Image‹ könnte sonst wie ein aufgeblasener Ballon in sich zusammenfallen.

Kurz: Väter zeichnen, anwesend oder nicht, hauptsächlich verantwortlich in negativer wie in positiver Hinsicht in der Geschlechts-Entwicklung des Sohnes. »Tel père, tel fils!« heißt es im französischen Sprachraum (wie der Vater, so der Sohn). Die Funktion des Vaters für den Sohn ist klar und deutlich umrissen: das Vorleben von männlichen Werten – sonst entsteht innere Haltlosigkeit beim Sohn.

Wenn der Vater seinen Platz in der Familie einnimmt, kann die Mutter ihre eigentliche Funktion für den Sohn erfüllen: sie zeigt ihm, wie Frauen auf Männer reagieren. Sie ist maßgebend für seine Einstellung zum weiblichen Geschlecht.

Der kleine Junge beobachtet und speichert sehr genau, wie der Vater (Mann) mit der Mutter (Frau) umgeht. Er lernt von klein auf, was Männer anscheinend ›dürfen‹ und was Männern ›verboten‹ ist im Umgang mit Frauen. Er integriert, ob Mutter eine selbstbewußte Frau ist, oder ob sie sich von Vater ständig bevormunden, kritisieren und abwerten läßt, ob Mutter versucht, Vaters Position zu schwächen und ihn lächerlich macht, oder ob sie eine Atmosphäre gegenseitigen Respektes verlangt und aufrechterhält. Mutter bereitet ihn darauf vor, ob Frauen ernst zu nehmen sind – oder eben nicht.

Ein Beispiel: Ein Junge hat einen stark penisabwertenden Vater, also ein Mann mit schlechtem Bezug zu seinem Penis, zu seiner Geschlechtlichkeit und somit auch
zu Frauen. Ein Vater, der deswegen ständig versucht,
Frauen klein zu machen, um sich männlich-stärker zu
fühlen, und sich der Mutter gegenüber nachlässig, lieblos
oder gar brutal verhält. Der Junge erlebt, wie seine Mutter (die Frau) sich dagegen abgrenzt, rebelliert und wie
sie schließlich, wenn keine Änderung im Verhalten des
Vaters (des Mannes) ihr gegenüber eintritt, die Konsequenzen zieht und ihn verläßt.

Dieser Junge wird wohl die gefühlsabwertende Seite
des Vaters integrieren (»Aha, so verhält sich ein Mann
einer Frau gegenüber« ...) − lernt aber aus der Reaktion
der Mutter deutlich, daß solches männliches Verhalten
keinerlei positive Konsequenzen hat − der Vater bleibt
unter Umständen alleine zurück und ist Frauen gegenüber verbittert; oder er wird endlich seine Penisabwertung aufarbeiten, um seinerseits in der Lage zu sein, eine
gefühlsbejahende Beziehung eingehen zu können.

Dieser Junge wird später im Leben durchaus fähig
sein, zu entscheiden, welche Seite er ausleben will: die
abwehrend-abschätzige Haltung des Mannes gegenüber
der Frau, mit negativen Konsequenzen für ihn, oder das
Bemühen, selbst eine bessere Beziehung zu sich und seiner Geschlechtlichkeit zu finden, um damit in der Lage
zu sein, eine gute Beziehung zu einer Frau aufzubauen.

Hier setzt die Mutter ganz entscheidende Maßstäbe für
ihren Sohn. Sie kann ihn durch ihre Aggression seinem
Vater gegenüber in seiner übernommenen, beschnittenen
Gefühlswelt bestätigen und fixieren. Sie kann ihn aber
auch anspornen, mehr aus seinem Leben zu machen, als
es seinem Vater möglich war.

Es ist ein leichtes, sich vorzustellen, was passiert, wenn eine Mutter wenig Selbstbewußtsein hat und keine Eigenständigkeit zeigt; wenn sie sich ständig darum bemüht, ihrem noch so nörglerischen und gefühlskargen Ehemann zu gefallen, aus schierer Angst, er könnte sie verlassen. Dem Jungen wird dadurch eindeutig klargemacht, daß der Vater (Mann) recht hat mit seiner Geringschätzung der Mutter (Frau) − sie akzeptiert ja sein schlechtes Benehmen, seine Nachlässigkeit, seine Lieblosigkeit. Sie weint zwar und macht große, türeschlagende Szenen − bleibt aber letzten Endes, als wäre nichts geschehen, trotzdem beim Mann.

Der Sohn lernt auf diese Art mit dem Älterwerden, daß im Grunde genommen alle Frauen ›käuflich‹ sind. Wie oft hat ihm die Mutter schon schluchzend erzählt, was für ein gemeiner Kerl Vater doch sei, ihm aber gleichzeitig gestanden, daß sie den Bösewicht nicht verlassen könne, weil: »... wie soll ich euch Kinder und mich ernähren? Ich kann nicht so viel Geld verdienen wie Vater. Wenn ich mich scheiden lasse, drückt der sich, wo er nur kann, um die Alimente. Ich bin auf ihn angewiesen. Aber warte nur − dem zeige ich es einmal, wenn ihr größer seid ...!«

Natürlich ändert sich nie etwas, die Mutter bleibt, wird aber den Sohn noch häufig als Vertrauten mißbrauchen − ohne zu bemerken, wie dessen Verachtung für sie, für die Frau, wächst. Ihm ist inzwischen klar geworden: Vater verachtet Mutter mit Recht! Frauen wollen anscheinend wirklich nur eines vom Mann: ein materiell angenehmes Leben! Dafür geben sie alles auf, sogar sich selbst!

Auch wenn umgekehrt die Mutter den Vater verachtet (er verdient zu wenig, kann sich nicht durchsetzen, versagt im Bett, usw.), ihn abschätzig behandelt, setzt sich trotzdem für den Sohn dieselbe Botschaft durch: Wenn Vater so ein mieser Mann ist, warum bleibt sie dann bei ihm? Doch nur wegen dem finanziell bequemeren Leben ...

Diese Art frustrierter Frau kennen wir zur Genüge. Sie beklagt sich ständig über ihren Mann, zögert nicht, ihn in Gesellschaft lächerlich zu machen, übergeht seine Wünsche ... zeigt also ihre Geringschätzung offen und deutlich. Den Sohn aber betrachtet sie gerne als ›Ersatzmann‹, tändelt verkappt erotisch mit ihm herum, mischt sich in seine Beziehungen, maßt sich ständige Kritik an seinen Anschauungen und seiner Lebensweise an, zeigt Eifersucht, wenn er eine Freundin hat ... Sie versucht, auf penetrante, unangenehme Weise beim Sohn das zu holen, was ihr der Ehemann verweigerte. Sie wird sich unter Umständen ein Leben lang um ihren Sohn bemühen, ihn unter Druck setzen, wenn nötig mit Liebesentzug oder Krankheit drohen.

Ein gefühlsabwehrender Vater, zusammen mit einer Mutter, die den Sohn als Ersatzmann mißbraucht, vermitteln dem jungen Mann einen denkbar schlechten Lebensstart. Verunsichert in seiner Männlichkeit, also ohne emotional-sichere Haltung der Mutter, der Frau gegenüber, flüchtet dieser Sohn nicht selten in die Homosexualität. Dadurch distanziert er sich sowohl vom Vater wie von der Mutter. Er ›erfindet‹ sich eine dritte Art der Geschlechtlichkeit.

Konnte ihm sein Vater wenigstens in beruflicher Hinsicht ›männliche‹ Stärke zeigen, genügt dies meistens, daß der Sohn doch den Schritt in die Beziehung zu einer Frau wagen kann. Häufig ist es dann eine Frau, die das Gegenstück bildet zu der klebrig-unangenehmen Anhänglichkeit seiner Mutter. Im Windschatten einer selbstsicheren, eigenständigen (wirklich mütterlichen) Frau hat er nun die Chance, die eingeschränkte Männlichkeit, die ihm sein Vater vermittelt hatte, in Ruhe, ohne Druck, aufzuarbeiten. Es fällt ihm auch nicht mehr schwer, sich von seiner vampirartigen Mutter im positiven Sinne zu distanzieren.

Der penisabwertend erzogene Mann funktioniert einwandfrei nur außerhalb seiner Gefühlswelt. Seine Sicherheit, sein Können, seine eigentliche Potenz befindet sich im Leistungsgebiet, in seiner Arbeit und sicher nicht in einer gefühlsbetonten Beziehung zu einer Frau. Er muß sich Frauen aussuchen, die in sein Muster hineinpassen. Je körperfeindlicher und gefühlsgehemmter er aufwuchs, um so eher wird er sich eine Frau wählen müssen, die seine verunsicherte Männlichkeit nicht zusätzlich gefährdet, also ihm gegenüber emotional nicht zu anspruchsvoll ist. Sonst könnte sich seine innere Abwehr durch Potenzstörungen oder gar Impotenz äußern, was wiederum sein künstlich geschaffenes ›potentes‹ Selbstbild bedroht. Und was dann?

Viele Ehen werden deswegen von Männern auf ›potenzsichernder‹ Grundlage geschlossen. Dann hat der Mann eine passende, ›anständige‹ Frau als Mutter seiner Kinder. Je nach seiner Stellung muß sie für ihn repräsentieren, Gäste empfangen und dadurch seiner Karriere förderlich sein. Er ist zufrieden — er hat die richtige Frau für sich gewählt, die ihm und der Umwelt bestätigt, daß er ein ›guter‹, ein in jeder Beziehung potenter Mann ist.

Die Frau ihrerseits weiß, daß die männliche Gegenleistung die Abdeckung ihrer materiellen und finanziellen Bedürfnisse beinhaltet. Sie hat die Nutznießung seines Sozialstatus und genießt die Früchte seiner Arbeit. In dieser Eheform wird nur eines von ihr verlangt: die ständige, loyale Unterstützung und Bestätigung seines Egos.

Die patriarchale Ehe könnte also durchaus als eine beidseits befriedigende Interessengemeinschaft bezeichnet werden. Wenn nur die emotionalen Ansprüche nicht wären! ... Denn eigentlich wollen sowohl Mann wie Frau mehr. Mehr-Wollen bedeutet aber für den Mann, daß er sich eventuell in das Gebiet seiner programmierten Impotenz begeben würde. Also verharrt er lieber in seiner inneren vertrauten Einsamkeit, ähnlich wie in seiner frühen Kindheit.

Oder er beginnt ein Doppelleben. Beispiel: Er hat heimlich eine Freundin, die seine emotionale Seite abdeckt, ohne daß er ihr die Möglichkeit einräumt, ihn einzuengen. Natürlich geht das nur solange gut, als er seine Ehe als Sicherheit hat, als äußere Abgrenzung gegen zu starke emotionale Ansprüche der anderen Frau. Wenn die Freundin nicht klug genug ist, diesen Schutzmechanismus zu respektieren, und seine Emotionalität zu sehr unter Druck setzt, wird sie ihn logischerweise verlieren. Er muß vor einer Situation flüchten, die für seine eingeschränkten Gefühlsmöglichkeiten zuviel geworden wäre. Er zieht sich zurück in den sicheren, emotionskargen Hafen seiner Ehe.

Die Mutter kann durch ihre Persönlichkeit ihrem Sohn diese emotionale Zweigleisigkeit, was Frauen betrifft, ersparen. Wohl kann sie nicht die männliche, vom Vater vorgegebene Richtlinie korrigieren, also einen ›besseren‹ Mann aus ihm machen — sie kann ihm aber durchaus mit ihrem Beispiel zeigen, daß Frauen keineswegs ein Interesse daran haben müssen, Männer zu bedrängen und auszunützen und sie damit zusätzlich in ihrem Eigenwert zu schmälern — daß Frauen aber auch nicht bereit sind, wegen des verunsicherten Selbstwertgefühls eines Mannes sich selbst kleinmachen zu lassen oder ihr Leben der Bestätigung des männlichen Egos zu widmen.

Einen gefühlsabwehrenden Vater zu haben, bedeutet nicht, daß die Mutter diese Botschaft unterstützen muß. Sie kann ihrem Sohn trotzdem vermitteln, wie wichtig seine Gefühle sind, daß er besser mit Beziehungen, mit Frauen, zurecht kommt, wenn er Gefühle zeigt und dazu steht – ohne ihn dabei in eine ›Ideal‹-Mann-Rolle zu drängen. Dadurch kann der Sohn wählen – er hat beide Seiten, die mütterlich-offene und die väterlich-einengende, kennengelernt.

Reichte die Persönlichkeit der Mutter hingegen nicht aus, sich ihrem Mann gegenüber durchzusetzen, so wird der Sohn die schwierige Beziehung zwischen seinen Eltern in der eigenen Ehe wiederfinden. Vielleicht mit anderen Vorzeichen, doch die Aussage bleibt dieselbe:

Der Mann muß sich der Frau gegenüber abgrenzen, sonst werden ihm ihre gefühlsmäßigen Ansprüche zu groß – seine Potenzängste könnten hervorgeholt werden. Männer können sich auf verschiedene Arten den Ansprüchen ihrer Frauen entziehen. Die gängigste Art ist sicher die der vielen Arbeit, der unzähligen Überstunden. Seine Arbeit ist zu einer einwandfrei-sauberen, legitimen, von der Gesellschaft honorierten Zuflucht geworden. Er kann gar nicht ›mehr‹ auf seine Frau und Kinder eingehen – er muß an seine Arbeit. Ihn dabei zu stören würde bedeuten, seine Karriere, seine Zielsetzung in die Luft zu sprengen. Bitte – welche Frau will das schon?!

Natürlich wird der Mann desto weniger bereit sein, sich in ein derart schwankendes Boot wie eine gefühlsmäßige Auseinandersetzung zu begeben, je sicherer und erfolgreicher er in seiner Arbeit wird. Die kurze Zeit, die er mit seiner Frau und eventuell mit seinen Kindern verbringen muß, wird er sich schon ›irgendwie‹ durchschummeln. Am schlimmsten können natürlich die Wochenenden und die Ferien sein. Aber auch da wird er kleine Auswege für sich finden.

. Und die Frau? Wie reagiert sie, wenn sie erlebt, daß ihr Mann immer mehr zum Gast im eigenen Haus wird, die Beziehung dadurch distanzierter wird? Meistens falsch: sie beginnt, an ihrem Mann zu nörgeln, ihn zu kritisieren. Gemeinsame Stunden werden durch ihre unterschwellige Aggression torpediert.

Die Frau hat unzählige Möglichkeiten, sich an ihrem Mann für seine Abwesenheit zu rächen, ihn dafür zu bestrafen. Ob verbal durch ständige feine, gut gezielte und äußerst verletzende Spitzen oder mit glattem Liebesentzug – die Frau kann eine unglaublich negative Macht ausüben in ihrer Beziehung, in ihrer Familie. Sie prägt ja von ihrer Stellung her die Atmosphäre im Hause. Nicht selten lebt ein Mann in einem derartigen ›häuslichen Terror‹, daß ausgerechnet seine eingeengte Gefühlswelt ihn davor bewahrt, seelisch zusammenzubrechen.

Zu den wachsenden Frustrationen der Frau kommt noch hinzu, daß sein Begehren, seine Leidenschaft nachläßt oder gar erlischt. Natürlich spürt sie nicht, daß der Mann sich dadurch schützt – sie merkt nur, daß er sich immer stärker vor ihr zurückzieht. Je mehr er sich aber zurückzieht, um so verzweifelt fordernder wird sie, worauf er sich natürlich noch mehr von ihr entfernt, worauf sie ... Der Anfang vom Ende einer Beziehung hat begonnen.

Was aber kann die Frau tun? Sie kann dem Mann nicht seine mit seiner Penisabwertung in der Kindheit und der daraus resultierenden Gefühlshemmung verbundenen schlechten Erfahrungen wegzaubern. Sie kann auch nicht aus ihrem Mann einen gefühlssichereren Menschen und dadurch ein strahlendes männliches Vorbild für den Sohn modellieren.

Sie kann aber *begreifen,* warum ihr Mann noch nicht fähig ist, ihrer Zuwendung mit einer ebenbürtigen zu begegnen. Sein emotionales Wachstum ist buchstäblich in den Kinderschuhen steckengeblieben. Dadurch, daß der Mann ganz früh schon lernte, den eigenen Gefühlen zu mißtrauen, mit einem gefühlsgehemmten Vater als Vorbild, hat er nie gelernt, tatsächlich auf einen anderen Menschen zu- und einzugehen. Es fehlt ihm das emotionale Fundament, das den eigentlichen Träger einer Beziehung bilden sollte, sei es zu einer Frau oder zu Kindern.

Kurz: Wäre dem Mann als Kleinkind nicht sein Penis verboten worden, hätte er männlich-emotionale Sicherheit entwickeln dürfen − so aber fühlt er sich nur auf geschlechtsneutralem, also weder ›männlichem‹ noch ›weiblichem‹ Boden sicher: in der Arbeit, in der Leistung, im Sport, usw. Das beste beziehungsmäßige Klima für den Mann sind seine Männerfreundschaften, in denen instinktiv die ihnen gemeinsame Gefühlshemmung respektiert wird.

Frauen sind selten in der Lage, diese modernen ›Jägergemeinschaften‹ richtig zu verstehen und einzuschätzen, und begegnen dem besten Freund ihres Mannes mit Mißtrauen und Eifersucht. Er könnte ja etwas von ihrem Mann gefühlsmäßig erhalten, was eigentlich nur ihr zusteht oder was er ihr vorenthält ... Auf eine Art stimmt das, nämlich in der Qualität der Beziehung: Zwischen Männern herrscht meist eine solide Vertrauensbasis, ein ruhiges Einverständnis, und es gibt das Sicherheit vermittelnde Wissen, daß keine Mauern zum Selbstschutz aufgerichtet werden müssen, weil ja kaum emotionale Ansprüche und Überforderungen vorhanden sind. Männerfreundschaften zeichnen sich aus durch emotionale Ruhe, gegenseitigen Respekt und das spielerische Teilen gemeinsamer Interessen.

Sobald die Frau die männliche Strukturierung etwas verstehen kann, wird sie sich in ihrer Persönlichkeit nicht mehr in Frage gestellt fühlen, wenn der Mann sich verunsichert wieder mal zurückziehen muß, sich ungeschickt abgrenzt oder sie gar zurückweist. Sie wird das klar als ›sein‹ Problem erkennen können.

Was bedeutet das für den Mann? Ganz sicher weder eine Entschuldigung, noch eine Rechtfertigung, noch eine ›Freikarte‹ für weitere gefühlsmäßige Eiszeiten zwischen sich und der Frau. Das Erkennen dieser Zusammenhänge sollte dem Mann ein klarer Ansporn sein, seine Gefühlsangst und -hemmung anzugehen und gezielt an seiner Vertrauensbildung zu arbeiten. Unter Umständen empfiehlt sich ein beratendes Gespräch oder eine Therapie bei einem Psychotherapeuten. Schließlich geht ›mann‹ auch zum Zahnarzt mit einem Loch im Zahn − warum also einen genauso störenden seelischen Konflikt übergehen?

Das Risiko für den Mann, immer mehr in ein gefühlsmäßiges Abseits in seiner Ehe, in seiner Familie, in seinem Leben zu geraten, ist groß. Die Anzahl geschiedener und getrennt lebender Männer zwischen vierzig und fünfundfünfzig Jahren steigt. Die seelische Vereinsamung des älter werdenden Mannes ist eine längst erwiesene Tatsache. Es wäre Zeit, das Übel an der Wurzel zu packen. Auch der Mann kann die Initiative ergreifen, um eine bessere Lebensqualität anzustreben − und sei es zuerst nur im Hinblick auf das, was er seinem Sohn an männlichen Werten vermitteln möchte.

An den Mann

Schwirrt Ihnen der Kopf? Mußten Sie gewisse Stellen zweimal lesen? Es ist eben ein unheimlich belastetes Kapitel, die Beziehung des Mannes zu der Frau.

Mann-Sein in unserer patristischen Gesellschaft bedingt eine mehr oder weniger stark ausgeprägte Gefühlsverdrängung. Programmiert durch die penisabwertende Erziehung ziehen sich drohende Versager-(Potenz)-Ängste wie ein roter Faden durch das Leben des Mannes.

Frauen haben es besser — sie dürfen Gefühle entwikkeln und zeigen, mit der Mutter als ständig gegenwärtiges, unterstützendes Vorbild. Dadurch sind Frauen in ihrer Geschlechterrolle auch sicherer als Männer, die früh lernen mußten, ihren Empfindungen zu mißtrauen, und von daher nicht in der Lage sind, ihrerseits offen und vorbehaltlos einem Menschen gegenüberzutreten. Und natürlich schon gar nicht einer Gefühle fordernden Frau! Unter Umständen erinnert sich der Mann nur zu gut an die hilflose, meist stille Wut des Vaters, wenn die Mutter ihm wieder mal vergeblich mit ihren emotionalen Ansprüchen zusetzte, ihn bedrängte, eine Form von Zuwendung von ihm verlangte, die er ihr trotz all seinen Bemühungen nicht befriedigen konnte, zu geben vermochte. Wenn er dann noch die Flucht des Vaters in die Arbeitswelt erlebte, so waren seine männlichen Orientierungshilfen für eine lebenslängliche Schmalspurbeziehung zum weiblichen Geschlecht eindeutig gesetzt.

Für den heutigen Mann müssen die matristischen Ur-Zustände paradiesisch wirken — damals, als Mann und Frau noch ihrer Biologie gemäß leben durften. Die Beziehung des Mannes zur Frau war locker und angstfrei. Erst als er zu eigenen Zwecken (Erbfolge) die Frau kontrollieren mußte und dadurch zu beherrschen begann, wurde er damit konfrontiert, was es bedeutet, sich von einer naturgegebenen Funktion zu entfernen. Bis dahin zeugte der Mann − die Frau aber empfing, trug den Samen aus und gebar ein Kind, das sie nährte, für das sie voll verantwortlich war. Seine Zeugungsfunktion bedeutete dem Mann nichts, der Zeugungsakt war bald vorbei und unterschied sich nicht von dem anderer Männer. Seine eigentliche Funktion erfuhr er in seiner Bedeutung für die Sippe, in der Wertschätzung, die ihm entgegengebracht wurde. Seine Beziehungen basierten nur auf einer freiwilligen, Ich-sicheren Zuordnung.

Durch das Patriarchat war die Beziehung des Mannes zu der Frau nicht länger zweckfrei, sondern wurde mit einer Funktion belastet, für die der Mann keinerlei naturgegebene Voraussetzung hatte − er wurde verantwortlich! Verantwortlich für sie, damit er verantwortlich sein konnte für die von ihm gezeugten Kinder, die ihm dadurch seine Erbfolge sicherten. Eine Verantwortung, die nicht auf einem Gefühl basierte, sondern auf einer Idee − eine künstlich geschaffene, unfreiwillige Beziehung, die dem männlichen Bewußtsein völlig zuwiderlief.

Der Mann entfernte sich massiv von seiner biologischen Unbekümmertheit. Dadurch verlor er aber an Ur-Sicherheit. Die Frau hingegen verblieb in ihrer ursprünglichen Funktion − nichts konnte ihr die geschlechtliche Macht und Sicherheit nehmen, die Schwangerschaft und Gebären verleiht. Die Mutterfunktion im Patriarchat unterscheidet sich nur geringfügig von der im Matriarchat − die tiefere Bedeutung des Frau-Seins hat sich im Lauf der Geschichte nicht verändert.

Der Umsturz fand einzig und allein beim Mann statt. Von der patriarchalen Männergeschichte her offenbart es sich, daß der Mann diesen Bruch mit seiner Biologie nie ganz integriert und überwunden hat. Die Vaterschaft war von Anfang an ein künstliches Gebilde – und ist es auch heute noch! Ein Mann wird nicht zur Vaterschaft geboren. Es ist ein langwieriger und mühsamer Lernprozeß für jeden Mann, der sich entscheidet, liebevolle Verantwortlichkeit seinen Kindern gegenüber zu entwickeln.

Das sind Gefühle, die beim Mann weder im matristischen noch im patristischen ›Boden‹ wurzeln. Es sind aber auch keine ›weiblichen‹ Gefühle – es ist nochmals etwas anderes ... Vielleicht sollte ›mann‹ jetzt vom ›Neuen Mann‹ sprechen, von dem Frauen angeblich träumen? Nur, daß es diese Art Mann schon *immer* gab und gibt. Es ist schlichtweg der Mann, der sich entgegen seiner Geschlechterrolle (Männer weinen nicht ...) zur Emotionalität entschließt – der also bereit ist, sich von Rollenbildern zu distanzieren. Er zögert nicht, überlieferte Männerwerte in Frage zu stellen – er spürt, daß er irgendwie ›neu‹ beginnen will ...

Er ist bereit, eine Mischform aus matristischem und patristischem Erbgut für sich zu suchen und sich aus einer ihn einengenden, zwangsbefrachteten Rolle zu befreien. Ein Mann, der aus einer gesellschaftlichen Eingleisigkeit, aus einer programmierten Impotenz ausbrechen will. Ein ›emanzipierter‹ Mann!

Der Mann muß keinesfalls zum beschränkten und egoistischen Haustyrann werden, wie er gerne und häufig dargestellt wird – es gab schon immer Männer, die nach neuen Wegen suchten und nicht bereit waren, nur die Funktion des möglichst gut verdienenden Familienernährers zugeteilt zu erhalten – also Männer, die eine befriedigendere Lebensqualität anstrebten. Es waren und sind die Männer, die in ihrem Leben *tatsächlichen* Erfolg haben, sowohl beruflich wie privat. Es sind attraktive, durch ihre innere Sicherheit äußerst anziehende Menschen! Keine Rollenbild-Attrappen!

Jetzt stellt sich die Frage: Warum ist die Resonanz dieser männlichen ›Befreiungsansprüche‹ so gering? Daß Frauen ›mehr‹ wollen, können wir in jeder Zeitschrift lesen — aber warum erfahren wir kaum etwas über unzufriedene Männer? Mangelt es ihnen an Durchschlagskraft? Was überhaupt können Männer ›mehr‹ wollen?

Eine gute Erklärung liefert die kurze Ehegeschichte von Wolfgang, 36 Jahre alt, technischer Zeichner:

»Wir haben uns in der Lehre kennengelernt. Paula wollte, genau wie ich, beruflich weitermachen und zusätzliche Kurse belegen. Wir träumten von einem eigenen Zeichenbüro und großen Aufträgen. Als es klar war, daß wir heiraten wollten, besprachen wir natürlich auch die Kinderfrage. Wir beide wollten Kinder — aber zuerst unsere Zukunft strukturieren, unsere Arbeit aufbauen. Ich sagte Paula, daß ich mich genauso um die Kinder kümmern wollte wie sie. Mein Vater ist Bauer und nahm uns Kinder, von klein auf, möglichst immer mit, sei es in den Stall oder auf das Feld. Auf dem Traktor band er jeweils meine Schwester und mich links und rechts von seinem Sitz an, damit wir während der Fahrt nicht herunterfielen.

Meine Mutter hatte neben dem Gewerbe noch eine Töpferwerkstatt und war recht erfolgreich im Herstellen von kunstvollen Lampenständern. Ich hatte eine schöne und interessante Kindheit und Jugend. Ständig hatten meine Schwester und ich Freunde zu Hause, die kaum mehr wegzubringen waren, weil sie es so gemütlich fanden. Schon als Junge wußte ich, daß ich mit meinen Kindern auch so leben wollte.

Ich erinnere mich jetzt, daß Paula nur beiläufig nickte zu meinen Ansichten über Kindererziehung. Eigentlich hätte mich das stutzig machen sollen – aber nein. Wir heirateten kurz nach Abschluß der Lehre. Es war eine schöne Hochzeit, alle sagten, wir seien ein hervorragend zusammenpassendes Paar. Unsere Eltern waren gerührt und versprachen uns jegliche finanzielle Unterstützung für den Aufbau unserer beruflichen Selbständigkeit. Zuerst aber wollte ich noch etwa zwei Jahre bei einem Architekten arbeiten, um Erfahrungen zu sammeln. Paula konnte sich nicht so recht entschließen, ob sie in einer Baufirma oder ebenfalls bei einem Architekten einsteigen sollte. Sie erklärte mir, sie müsse das noch gründlich überlegen, die beiden Arbeitsatmosphären gegeneinander abwägen.

Nun – Paula hat sich nie entschieden: Es hat einige Zeit gedauert, mit vielen, vielen Gesprächen, bis ich begriff, daß Paula nie die Absicht hatte, berufstätig zu sein. Sie wollte heiraten, auch oder vor allem aus dem Grund, finanziell versorgt zu sein, zu Hause bleiben zu können und sich nicht darum kümmern zu müssen, woher das Geld kommt. Ich verdiente sehr wenig für zwei Personen. Und Paula hatte gerne schöne Sachen. Unsere Eltern halfen immer aus, aber ich fühlte mich betrogen und gedemütigt.

Plötzlich wurde Paula schwanger. Sie behauptete, die Pille hätte versagt. Mein Ziel, mit meiner Frau zusammen ein eigenes Geschäft zu führen und sich dann gemeinsam um die Kinder zu kümmern, war in tausend Scherben. Ich mußte Geld verdienen, viel Geld – sie saß zu Hause mit unserem Sohn. Wenn ich nach Hause kam, war er häufig schon im Bett und Paula unzufrieden und gereizt. Ich bat sie wiederholt, den Kleinen später ins Bett zu tun, damit ich Zeit verbringen könne mit ihm. Sie sagte dann nur, er sei müde gewesen und ihr auf die Nerven gegangen. Am Wochenende, wenn ich mit dem Kleinen spielte, behauptete sie, ich würde sie wegen dem Kind vernachlässigen, ich ließe mich von ihm tyrannisieren, ich sei viel zu wenig autoritär. Sie mokierte sich auch ständig über meine Ungeschicklichkeit beim Füttern und Wickeln. Trotzdem war ich mit der Beziehung zu meinem Kind einigermaßen zufrieden. Mein Sohn krähte vor Freude, sobald er mich erblickte.

Als er zwei Jahre alt war, verliebte sich Paula in einen Vertreter. Sie sagte mir, sie wolle sich von mir trennen, ich sei sowieso nie zu Hause und wenn, dann würde ich doch nur das Kind sehen. Sie aber brauche einen richtigen Mann ... Ich habe gekämpft wie ein Löwe − es nützte nichts. Sie erhielt die Scheidung und das Sorgerecht für das Kind.

Ich sehe meinen Jungen nur in den großen Ferien. Paula ist mit ihrem Mann im Ausland, weit weg. Sie haben jetzt noch zwei weitere Kinder. Sie spricht schlecht über mich, und mein Sohn ist am Anfang der gemeinsamen Zeit immer sehr abweisend, fast feindselig zu mir. Wenn wir uns wieder angefreundet haben und er neues Vertrauen zu mir gefaßt hat, muß er zurück. Ich könnte meine Ex-Frau schütteln − es nützt doch nichts. Ich kann nur hoffen, daß die spärliche gemeinsame Zeit meinem Sohn doch zeigen kann, daß ich immer sein Bestes wollte, daß ich ihn lieb habe.«

Die Geschichte spricht für sich und bedarf kaum der Erklärung. Ein sogenannt ›Neuer Mann‹, der in all seinen

Bemühungen an den ›alten‹ Rollenbildern seiner Frau aufläuft. Sich über männliche Unzulänglichkeiten beklagen zu können gehört eben auch in die patristische Rolle der unterdrückten Frau. Was aber geschieht mit der Frau und ihrem Rollenverständnis, wenn der Mann keinesfalls die Absicht hat, sie einzuengen? Aber sich selbst auch nicht einengen will?

Solche Beziehungsgeschichten wie die von Paula und Wolfgang sind gar nicht so selten − sie passen aber schlecht in den gängigen Trend der ›emotional ungenügenden‹ Männer und Väter und der ›mehr fordernden‹ Frauen und Mütter. Das sich ständig wiederholende emotionale Versagen des Mannes ist die bekanntere, zugkräftigere Schlagzeile als die der Weigerung der Frau, aus einer letztes Endes eben doch bequemen und vergoldeten ›Unterordnung‹ herauszukommen.

Dadurch kann die eigentlich komisch wirkende Situation entstehen, daß die Frau, die ständig unzufrieden fordernd an ihrem Mann herumkritisiert, dieselbe Frau ist, die sich dann seiner endlichen ›Emanzipation‹ abwehrend in den Weg stellt. Im Namen ihrer Bequemlichkeit!

Sie sehen, Männer können durchaus bereit sein, sich auf emotionale Verantwortung einzulassen und sich aus patristischen Bildern zu lösen − um unter Umständen erleben zu müssen, daß plötzlich die Frau abblockt. Natürlich haben viele Frauen ein großes Interesse daran, patriarchale Zustände aufrechtzuerhalten. Es ist ein beruhigendes, ewig-kindliches Gefühl, nicht wegen des Lebensunterhalts besorgt sein zu müssen. Dafür ist der Mann ja zuständig und voll verantwortlich!

Solange Mann und Frau mit der patristischen Regelung einverstanden sind, daß die Frau ins Haus gehört und der Mann hinaus, an seine Arbeitsstelle − so lange stimmt das Gleichgewicht in der Beziehung, zumindest für eine Weile. Ein fast matristischer Zustand! Nur daß heutzutage die häusliche Domäne der Frau sehr geschrumpft ist − sie muß wirklich ein sehr, sehr großes Haus führen, um sich einigermaßen ausgelastet zu fühlen. Selbst kleine Kinder sind kein zwingender Grund mehr, junge Mütter ans Haus zu fesseln. Die moderne, nicht berufstätige Ehefrau hat frustrierend viel Zeit. Der moderne, natürlich erwartungsgemäß berufstätige Ehemann hat frustrierend wenig Zeit. Etwas stimmt da nicht ganz!

Der Wunsch, der Anspruch nach endlich mehr zeitlich verfügbaren Vätern und Ehemännern wird überall laut: Frauen seien unzufrieden, Frauen wollten anwesende Väter für ihre Kinder ... Aber im entscheidenden Moment weigern sich Frauen, ihre eben doch privilegiertbequeme Rolle zu gefährden, um eine Initiative zur Verbesserung der Beziehung zu ergreifen.

● Frauen jammern über männliche Bevormundung in finanzieller Hinsicht − sind aber insgeheim doch erleichtert, daß nicht sie jeden Tag in aller Frühe an die berufliche Tätigkeit müssen.

● Frauen beklagen die Tatsache, daß ihre Männer kaum Bescheid wissen im eigenen Haus − wehren sich aber gegen jedes männliche Eingreifen in anscheinend weibliches ›Machtgebiet‹ im Haushalt, in der Familie. (Z. B.: Sie ist ›stolz‹ darauf, daß er nicht für sich kochen kann.)

● Frauen reagieren mit Eifersucht und Neid auf andere Frauen, die es geschafft haben, einen interessanten Beruf zu ergreifen − finden aber dutzendweise Gründe, warum sie selbst nicht in der Lage sind, sich ihrerseits zu ›verwirklichen‹.

- Frauen bedrängen ihre Männer um mehr Zeit und Zuwendung — sind aber kaum bereit, den Mann in finanzieller Hinsicht zu entlasten, damit er tatsächlich weniger verdienen müßte, also häufiger zu Hause sein könnte!
- Frauen beklagen sich über die Trägheit ihrer Männer — reagieren aber schnell mit Eifersucht oder gar Sabotageaktionen, wenn er sich für ein Hobby oder sonst eine außerhäusliche Aktivität interessiert. Auf Aufforderungen, doch mitzumachen oder mitzukommen, finden sie aber Gründe, warum dann doch nicht.

Der Mann, inzwischen gänzlich überzeugt von seiner gefühlsmäßigen Unzulänglichkeit und Unterlegenheit, wird in den seltensten Fällen seine Frau auf die Widersprüchlichkeiten in ihrem Verhalten ihm gegenüber aufmerksam machen. Er weiß, daß ihm unter Umständen gefühlsbeladene Szenen oder tagelanger Liebesentzug drohen — erfahrungsgemäß ist er dem nicht gewachsen und muß dann flüchten, auf sichere Distanz gehen. Also lieber keinen häuslichen Unfrieden provozieren, lieber alles beim alten lassen. Natürlich driften Mann und Frau auf diese Art langsam, aber sicher auseinander.

Es würde der beidseitigen Anstrengung bedürfen, um in einer Mann-Frau-Beziehung ein zufriedenstellendes Gleichgewicht zu finden, die Rollenverteilung müßte immer wieder überprüft und gründlich besprochen werden. Die Frage: »Stimmt das Gleichgewicht in unserer Beziehung?« ist von vitaler Bedeutung für die Partnerschaft. Es kann doch nicht gutgehen, wenn die Frau nur ihre täglich wiederkehrenden Häuslichkeiten als Hauptthema hat und er über die Abwechslungen, Herausforderungen, Enttäuschungen, Höhepunkte in seinem Berufsleben erzählen sollte? Früher oder später muß doch die Kommunikation einschlafen, nachdem sie längere Zeit schon einseitig war!

In dieser Rollenteilung staut sich bei der Frau eine massive Unzufriedenheit mit ihrer Lebenssituation an, verbunden mit einer immer stärker werdenden Aggression auf ihren Mann, der doch im Vergleich zu ihr ein direkt abenteuerlich anmutendes Leben führt ... Und er beginnt verstohlen zu gähnen, wenn er abends zum wiederholten Mal von seiner Frau hören muß, was die Nachbarin, die Freundin sagte, wo sie einkaufen war und was der Friseur meinte ... ganz zu schweigen von den neuesten Auseinandersetzungen in ihrem Frauenclub.

Allmählich verblassen die Gefühle, die Mann und Frau vor einiger Zeit einmal dazu bewogen haben, zusammenzubleiben ›... bis daß der Tod uns scheidet‹. So kommt unweigerlich der Moment, wo jeder Dritte vielversprechender und interessanter wirkt als der eigene Partner.

Natürlich können Sie als Mann nicht alleine neue Wege in Ihrer Beziehung suchen, Sie brauchen die aktive Mithilfe Ihrer Frau. Sonst bleiben Ihre Ansätze in der Luft hängen und Ihre Beziehung läuft Gefahr, so zu enden wie tausend andere auch ... In der Langeweile, in der Lieblosigkeit, in der sexuellen Leere, in der Einsamkeit zu zweit.

Verlassen Sie sich also keinesfalls auf Ihnen übermittelte, für Sie vielleicht unstimmige Bilder und Werte – entwickeln Sie eigene, die Ihren Ansprüchen tatsächlich entsprechen. Denken Sie immer daran, daß jede Beziehung, die in festgefügte Bahnen gezwängt ist, sich unweigerlich totläuft. Ob als Grund dann Zerrüttung, seelische Grausamkeit, Ehebruch, sexuelle Indifferenz oder Impotenz genannt wird, spielt keine Rolle mehr. Tatsache ist, daß die Beziehung von Anfang an anders hätte gelebt werden sollen. Von beiden Seiten!

Ein bedauerlicher Mangel an positiven Vorbildern, an Information kann zum Scheitern der Beziehung führen – Liebe allein genügt nicht, um den Alltag meistern zu können. Solange Mann und Frau sich in überlieferten und somit starren, an Rassismus grenzenden Rollenbildern begegnen, steuern sie zwangsläufig der allmählichen Entfremdung entgegen. Der erste Schritt zu einer dynamisch und interessant bleibenden Beziehung wäre der Vorsatz, einander im Alltag als ›Mensch‹ zu begegnen – also möglichst geschlechtsneutral. Bemerkungen wie ›Du als Frau ...‹ oder ›... typisch Mann ...‹ sollten unterlassen werden. Sie ermöglichen sowieso nur zweierlei Mitteilungsmöglichkeiten an den anderen: die respektlose oder die unterwürfige. Beides ist Gift für eine Beziehung.

Zu gerne wird Sexualität in den ›alten‹ Rollenbildern als Machtinstrument mißbraucht. Mächtig ist immer der, der sich verweigert oder keine Rücksicht auf den anderen nimmt. Wir alle kennen die Geschichte vom groben, egoistischen Mann im Bett, der sich das von der Frau ›nimmt‹, was er gerade will. Selten, viel zu selten, spricht man über die Herabwürdigung und Demütigung des Mannes, der versucht, eine teilnahmslos daliegende Frau durch Zärtlichkeiten auf sich aufmerksam zu machen. Oder über den Mann, der ›gut genug‹ ist, den Lebensunterhalt und die Ansprüche der Frau zu bestreiten, während ihre Bettphantasien aber um einen eingebildeten oder realen Liebhaber kreisen, wenn sie mit fest geschlossenen Augen in den Armen ihres Mannes liegt.

Wo bleibt da der laute männliche Protest über *seine* Unterlegenheit? Natürlich erfolgt er nicht, denn der

Mann ist wieder auf sein altvertrautes Muster der gefühlsmäßigen Unzulänglichkeit reduziert, auf seine Penisabwertung.

Nun, so soll es nicht weitergehen! Es ist an der Zeit, daß auch die Männer auf die Barrikaden steigen, damit ihre Emanzipationsversuche ernstgenommen werden – mit allen Konsequenzen: beginnend in einer gefühlsfördernden Erziehung, mit dem erkannten und erarbeiteten Verantwortungsgefühl des Vaters für seine Richtlinienfunktion, mit der Kooperation der Mutter und Frau ...

Es ist immer wieder erstaunlich, zu erleben, wenn Mann und Frau sich als *ebenbürtig,* ohne abwertende Rollenklischees begegnen: die sexuelle Beziehung kann aufblühen, wird schöner, erfüllender, geiler, lustvoller, heißer ... weil sie endlich, endlich unbelastet ist von ständigen Aggressionsstauungen, unterschwelligen Rachegedanken wegen Verletzungen und Rücksichtslosigkeiten, Wut über nachlässige Kommunikation ... usw. usf. Mann und Frau finden einen neuen Weg zueinander und können die körperliche Beziehung als Verbindung, und nicht mehr als Machtkampf, erleben.

6. Der Mann und seine Arbeit

Je penisabwertender, also körperfeindlicher und demzufolge gefühlsabwehrender ein Mann aufwuchs, um so mehr wird er sich darum bemühen, selbstsicher und ›potenter‹ in seinem Arbeitsgebiet zu werden. Leistung ist die einzige Möglichkeit der Penis-*Aufwertung*, denn Arbeit ist geschlechtsneutral. Da steht der Mann auf sicherem Boden, um instinktiv auf ›gesunde‹ Art seine anerzogene Unsicherheit in bezug auf sein Ich-Gefühl aufzuarbeiten. Durch beruflichen Erfolg kann er seine Ich-Schwäche im Gefühlsbereich, in seinem Selbstverständnis kompensieren.

Natürlich entsteht da eine neue Gefahr für den Mann: sein Drang nach möglichst erfolgreicher Kompensation wird nicht gefühlsmäßig gesteuert – er spürt seine kräftemäßige Leistungsgrenze meistens erst, wenn er bereits überfordert ist. Sein Körper macht nicht mehr mit, seine Nerven sind seit langem überbelastet – er bricht auf die eine oder andere Art zusammen. Eigentlich müßte der Mann ständig daran erinnert werden, daß er vorläufig eine nur gering belastbare Gefühlswelt entwickelt hat. Er sollte dem in seinem kompensierenden Leistungstrieb Rechnung tragen.

Da er seine Gefühle verdrängt, muß er dieser lauernden Leistungs-Potenzstörung auf der Vernunftebene zuvorkommen können. Ein gutes Mittel dafür sind regelmäßige, gezielt geführte innerbetriebliche Gruppengespräche. Dadurch wird die Möglichkeit vermittelt, durch gemeinsames Anschauen verschiedenster Konfliktsituationen männliche Selbstüberforderung möglichst zu vermeiden. Wenn die Thematik der penisabwertenden Grunderziehung dabei berücksichtigt wird, erhalten die Gruppenmitglieder eine zusätzliche Chance, Zusammenhänge in ihrer Lebensstruktur angehen zu können.

Beispiel: Bei Umfragen in meinen Anti-Streß-Gruppen für Führungskräfte stellte sich heraus, daß ein verblüffend hoher Prozentsatz der Top-Manager sich deutlich an Penisabwertungen erinnern konnte. Es fehlte nur die Sicht für die Zusammenhänge zwischen diesen Erfahrungen und den verwirklichten ehrgeizigen Karriereplänen. Ich zitiere einige Kindheitserinnerungen:

Joachim, 57 Jahre: »Als ich etwa neun Jahre alt war, begann mein Vater ab und zu am Abend, wenn ich schon im Bett war, in mein Zimmer zu kommen, mir eine gute Nachtruhe zu wünschen und anzuordnen, ich sollte möglichst flach auf dem Rücken liegend einschlafen und die Hände auf, und nicht unter!, die Bettdecke legen ...«

Karl-Heinz, 49 Jahre: »Ich begegnete als Junge meinem Vater häufig frühmorgens auf seinem Weg ins Klo. Sobald er meiner ansichtig wurde, legte er beide Hände verdeckend auf die Ausbuchtung in seiner Pyjamahose und ging mit abgewandtem Gesicht, einen Morgengruß murmelnd, an mir vorbei ...«

Gerhard, 38 Jahre: »Ich litt längere Zeit unter einer bös aussehenden und sehr schmerzhaften Fimose, ohne jemandem etwas zu sagen. Als ich vor Schmerzen kaum mehr urinieren konnte, ging ich zu meinem Vater und versuchte, ihm meinen Zustand zu schildern. Abgesehen davon, daß mir der richtige Wortschatz fehlte, war ich kaum imstande, einen vollständigen Satz zu artikulieren. Ich stotterte unzusammenhängendes Zeug über ›... da unten ... beim Besuch der Toilette ... unangenehmes Gefühl ...‹. Mein Vater wurde, wenn überhaupt möglich, noch verlegener als ich, ging zu meiner Mutter ins andere Zimmer — offensichtlich, um sich mit ihr zu beraten, kam mit hochrotem Gesicht zurück, um mir zu sagen, meine Mutter würde mich beim Hausarzt anmelden. Dank dem Hausarzt erhielt ich dann überhaupt so etwas wie eine Aufklärung. Zuerst aber lernte ich, wie ich mich ›da unten‹ waschen sollte. Ich war fünfzehn Jahre alt.«

Felix, 52 Jahre: »Mein Vater riet mir, mich bei Damenbesuch beim Urinieren auf der Toilette hinzusetzen. Es sei einer Frau außerordentlich peinlich, auf männliche ›Spuren‹ in der Toilette zu stoßen. Er empfahl mir auch, meine Unterhosen immer etwas zu klein einzukaufen, damit ›es‹ besser zusammengehalten werde, und sich dadurch weniger bewegen könne.«

Manfred, 38 Jahre: »Mein Vater war ein äußerst sportlich-martialischer Mann. Er achtete darauf, daß ich häufig kalt duschte und betonte immer wieder, daß ein Mann lernen müsse, die Reaktionen ›seines Fleisches‹ zu übergehen, an etwas ›anderes‹ zu denken. Nur so bleibe ein Mann frei für seine Aufgaben im Leben . . .«

Werner, 43 Jahre: »Ich habe meine Eltern nie nackt gesehen. Mein Vater hatte manchmal eine unbeholfen wirkende Art, meiner Mutter den Arm zu streicheln. Meistens schüttelte sie dann seine Hand ab. Je älter ich wurde, um so mehr fiel mir der permanente Schweißgeruch meines Vaters auf. Ich überlegte, warum meine Mutter ihm nicht riet, sich häufiger zu waschen und ein Deo zu benützen. Vielleicht hätte sie dann seine Berührungen gerne gehabt . . .«

Anschließend überlegte die Gruppe, wie sich die erlebte penisabwertende Erziehung auf die Beziehung zu Frauen auswirkte. Für jeden der fünf Männer war es ein

Schock, zu erkennen, wie sehr die anerzogene Gefühls-verdrängung Maßstäbe gesetzt hatte für ihren beruflichen Ehrgeiz.

Manfred, der zur Zeit der Anti-Streß-Gruppe in Scheidung lebte, wünschte anschließend einige klärende Einzelgespräche. Da der Friedensrichter zum Besuch eines Psychotherapeuten vor der Scheidung geraten hatte, kam dann auch Manfreds Frau zu mir. Die Geschichte dieser Ehe ist im nächsten Kapitel dieses Buches aufgeführt. Sie ist ein ›Bilderbuch‹-Beispiel dafür, was penisabwertende Erziehung im Leben eines Mannes auslösen und anrichten kann.

Doch zurück zum Mann und seinem Leistungsbereich. Gerne wird der Arbeitsort als die ›Ersatzfamilie‹ des Mannes bezeichnet. Dieser Ausdruck ist doch sehr anzuzweifeln, da der Mann kaum einen emotional geprägten Anspruch in seinen Leistungsbereich hineinnimmt. Hingegen könnte man sein Arbeitsumfeld, gerade in einem Betrieb, durchaus als ›Ersatzsippe‹ betrachten.

Seine Leistung dient in erster Linie dem Unternehmen (Sippe), er aber erhält Anerkennung und Prestige (mehr Lohn, eine Beförderung, eine Verdienstanerkennung). Der Mann ist ein integriertes Mitglied einer modernen ›Jägergemeinschaft‹. Ein vererbter männlicher Instinkt darf zum Tragen kommen und ihm ein Gefühl von Sicherheit und Zugehörigkeit vermitteln. Dadurch entsteht das dringend benötigte Gegengewicht zu lauernden Potenz-Ängsten, zu der leicht in Erscheinung tretenden Ich-Schwäche. Je mehr Freude er an seiner Arbeit haben kann, um so stärker und sicherer – potenter – wird sich der Mann auch fühlen können. Mit der Zeit wird ihm die Anerkennung in seiner Arbeit, der erlebte Erfolg sogar soviel äußere Ich-Stärke vermitteln, daß er beginnen könnte, seine Gefühlshemmungen anzugehen. Falls er das überhaupt noch will ...

Meistens erinnert er sich äußerst ungern an seine ›schwachen‹ Zeiten. Jetzt, wo er endlich, endlich als Mann ernstgenommen wird. Er übersieht dabei, daß sich sein Privat-, sein Familienleben nach wie vor im ungenügend entwickelten Teil seines Ichs abspielt. Häufig lebt er die ihm arg zusetzende Rolle des Familientrottels, um dann erleichtert aufatmend wieder in sein Leistungsumfeld flüchten zu können. Dort ist er wer!

Der schwache, zurückhaltende, etwas lächerliche Familienvater und Ehemann ist beruflich meist äußerst tüchtig, effizient und erfolgreich. Derselbe Mann, der zu Hause nicht fähig ist, seinem Sohn die Meinung zu sagen und den Launen seiner Frau nicht gewachsen ist, führt eine anspruchsvolle Auseinandersetzung im Sitzungszimmer mühelos durch. Ein Rätsel für alle betroffenen Ehefrauen ...

Die Frau unterschätzt und mißversteht meistens die Sicherheit und das spontane Zusammengehörigkeitsgefühl, das Männer einander signalisieren. Es ist ihr auch unverständlich, warum er selten außerhalb seines Arbeitsgebietes Durchsetzungsvermögen und Autorität zeigt. Sie vergißt dabei, daß ihr Ehemann sich zu Hause nicht in seinem vertrauten Revier befindet. Es braucht sehr viel, bis der Mann dazu gebracht wird, dem Nachbarn, dem Gärtner, dem Automechaniker usw. bei Bedarf die Leviten zu lesen: »Sag ihm, daß du dies und das nicht akzeptierst ... sag ihm, daß seine Arbeit wieder mal unordentlich war und du dich weigerst, dafür zu bezahlen ... sag ihm ...!« Um des häuslichen Friedens willen zieht der Mann dann los, um eventuell erst eine Stunde später zurückzukommen, weil er mit dem Nachbarn, Gärtner, Automechaniker usw. noch ein Gläschen trank und mit ihm über Politik, Sport oder sonstwas angeregt diskutierte. Der Grund für seinen Besuch ging dabei vielleicht unter, aber es bildete sich spontan eine kleine ›Jägergemeinschaft‹ — also Männer unter sich, ohne störende emotionale Ansprüche.

Beim Überprüfen diverser Unternehmen zeigt sich deutlich, daß die Motivation und Leistungsbereitschaft gerade der männlichen Angestellten um so ausgeprägter zum Tragen kommt, je matristischer die internen Strukturen aufgebaut sind. Wenn das Unternehmen wie eine Ur-Mutter über seine Angestellten-Gemeinschaft ›wacht‹, auf das Wohl des einzelnen bedacht ist und das auch deutlich zum Ausdruck bringt, dann steht dem Erfolg der betreffenden Firma im Hinblick auf Personalwesen und Arbeitsleistung nichts im Wege. Ein Unternehmen, das den schlummernden, tiefsitzenden Instinkt der matristischen Jägergemeinschaften weckt, seinen Angestellten zum Beispiel auch in der Freizeit die Möglichkeit vermittelt, sich als Teil eines Teams zu fühlen, trägt unbewußt aufs positivste einer uralten Veranlagung des Menschen Rechnung.

Zeitgemäße Unternehmensberatung müßte dem gezielter nachgehen. Im Personalwesen sollte ein Minimum an Information über den penisaufwertenden Leistungstrieb des Mannes vorhanden sein. Dadurch können Pannen und Krisen durch zu spät erkannte Überforderung in männlichen Personalfragen weitgehend vermieden werden. Es sollte ja das interne Ziel jedes erfolgreichen Unternehmens sein, seinen Mitarbeitern ein Optimum an psychischer Betreuung zukommen zu lassen. Dazu würde natürlich das Erfassen nervlicher Belastung beim einzelnen gehören und eine gezielt eingesetzte Prophylaxe (Vorbeugung) bereits im unteren Kader.

Eindeutig männliche Problemkreise werden aber gerne übersehen und übergangen, Männer sind ja sooo stark und robust ... Da sie praktisch von Geburt an darauf getrimmt und programmiert sind, ihre Gefühle weder ernst zu nehmen, noch auszudrücken, fehlt es an deutlichen äußeren Anzeichen, wenn sich ein gesundheitlich-nervlicher Zusammenbruch vorbereitet. Nicht selten ist der Betreffende dann genauso überrascht wie seine Umwelt. Auf die Frage, ob er denn nichts von seiner Überforderung gespürt habe, erfolgt häufig die Antwort: »... nein, eigentlich nicht − ich schlief zwar seit einiger Zeit schlecht und war ständig müde, aber sonst stimmte alles ...« Ein deutliches Anzeichen für eine ›erfolgreiche‹ Gefühlsverdrängung. Meistens geht er auch prompt Tage oder Wochen zu früh wieder an seine Arbeit.

Die Überforderungserscheinungen müssen nicht in einem Zusammenbruch münden. Es gibt andere Symptome, typische ›Manager‹-Krankheiten, die zum Ausbruch kommen können. Die bekannteste ist vermutlich die des Magen-Darm-Traktes. Ein deutlicher Hinweis auf das verdrängte Gefühl: Es reicht mir! *Mehr* kann ich auf keinen Fall schlucken oder verdauen!

Der Mann, der sich fast ausschließlich seiner Penis-Aufwertung im Leistungsbereich widmet, erinnert an den Krug, der so lange zum Brunnen geht, bis er bricht. Er wird sich so lange für seine Arbeit einsetzen, ohne Gefühle für sich aufkommen zu lassen, bis vielleicht eine entscheidende Wende in seinem Leben geschieht (meist durch Krankheit, selten durch Beziehungsverlust), die ihm zeigt, daß er mehr Rücksicht auf sein Innenleben nehmen sollte. Natürlich stellt sich dann die große Frage nach dem Wie ... Er braucht doch seine Leistungserfolge wie Luft zum Leben.

Am schwierigsten ist es für den Mann, der innerlich so verunsichert ist, daß ihm nicht einmal ›potente‹ Leistungen gelingen — der also zuwenig kompensieren kann. Wohl vergräbt er sich in seiner Arbeit, um im entscheidenden Moment doch die Erfahrung des Ungenügens machen zu müssen. Sei es, daß er nicht die nötige Durchschlagskraft hat, um ein Projekt realisieren zu können, daß er wieder bei einer Beförderung übergangen wird, daß er in eine Zweigstelle abgeschoben wird, die sich als Karriere-Sackgasse erweist, daß ihm ständig die ›falschen‹ Aufgaben übertragen werden, usw. Es fehlt ihm an Ich-bestätigenden Erfolgserlebnissen, sein tragendes Lebensgefühl reduziert sich auf sein Impotenz-Programm. Bei diesem Mann findet sich Alkoholismus nicht selten als Begleiterscheinung. Der Alkohol dient dann als zusätzlicher Hammer, um etwaige negative Gefühle, die hochkommen könnten, totzuschlagen. Was sonst sollte ›mann‹ mit seinen Gefühlen tun? Schwere depressive Krisen, die natürlich in den seltensten Fällen offenbart oder erkannt werden, können diesen Mann in seinem bedrückenden Versagen bis zum Selbstmord treiben.

Der ›arbeitssüchtige‹ Mann *(workaholic)* ist gerade in unserer Zeit eine bekannte Erscheinung. Dafür wird er aber insgeheim, falls er erfolgreich ist, sehr bewundert. »Er weiß, was er will ... wo es langgeht ... ein richtiger Mann ... er wird es weit bringen ...« Eine zusätzliche Bestätigung, sich weiterhin selbst zu überfordern. Daß der arbeitssüchtige Mann eine lebendige Zeitbombe ist, wird kaum je realisiert — Hauptsache, er tickt gut! Sein Penis-Aufwertungsbestreben kann folgendermaßen dargestellt werden:

Folgen der Penisaufwertung durch Leistung

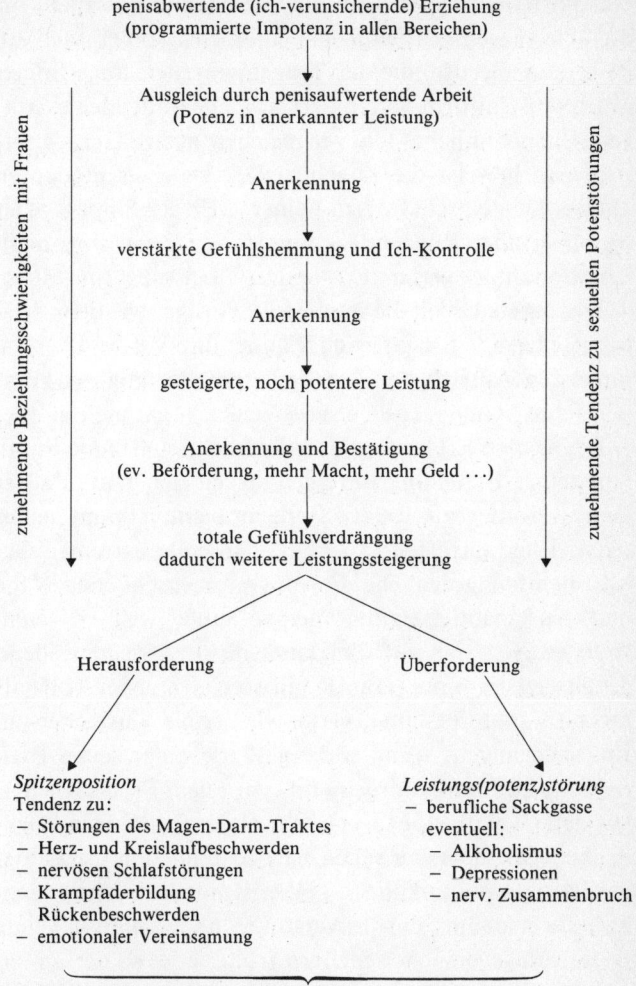

penisabwertende (ich-verunsichernde) Erziehung
(programmierte Impotenz in allen Bereichen)

Ausgleich durch penisaufwertende Arbeit
(Potenz in anerkannter Leistung)

Anerkennung

verstärkte Gefühlshemmung und Ich-Kontrolle

Anerkennung

gesteigerte, noch potentere Leistung

Anerkennung und Bestätigung
(ev. Beförderung, mehr Macht, mehr Geld ...)

totale Gefühlsverdrängung
dadurch weitere Leistungssteigerung

zunehmende Beziehungsschwierigkeiten mit Frauen

zunehmende Tendenz zu sexuellen Potenstörungen

Herausforderung

Überforderung

Spitzenposition
Tendenz zu:
– Störungen des Magen-Darm-Traktes
– Herz- und Kreislaufbeschwerden
– nervösen Schlafstörungen
– Krampfaderbildung
  Rückenbeschwerden
– emotionaler Vereinsamung

Leistungs(potenz)störung
– berufliche Sackgasse
eventuell:
– Alkoholismus
– Depressionen
– nerv. Zusammenbruch

sexuelle Passivität mit Potenzstörungen durchsetzt
Beziehungskrisen

Berufliche Penis-Aufwertung spielt sich natürlich nicht nur im Management ab. Die hierarchische Abstufung im Unternehmen bietet sich als Anschauungsbeispiel für mehr oder weniger gelungene Kompensation einfach am besten an. Berufe, die das Tragen einer wie auch immer gearteten Uniform verlangen, sind ebenfalls ideale Stützen für männliche Ich-Verunsicherungen. Gerade die Uniform beweist die Zugehörigkeit zu einer modernen ›Jäger‹-Gemeinschaft, zu einer ›Ersatz-Sippe‹. Der Mann erfährt Rückendeckung, es wird von ihm nicht Emotionalität verlangt, sondern Leistung in einem Team. Es stellt sich die interessante Frage, wie denn freiberufliche, alleinschaffende Männer ihre Verunsicherung ohne den Antrieb der unmittelbaren Bestätigung kompensieren können. Haben sie es vielleicht gar nicht nötig?

Die schöne Erklärung, daß der alleinschaffende Mann von seiner Erziehung her eben so ich-sicher ist, daß er keine ›Horde‹ als Ersatz-Sippe braucht, stimmt leider nicht. Eher zutreffend ist, daß er in einer extremen Gefühlshemmung jegliche Form von menschlicher Nähe und Auseinandersetzung meiden muß, weil er genau spürt, daß er sich auf die Dauer nicht zufriedenstellend durchsetzen könnte. Häufig gilt so ein ›Steppenwolf‹ als attraktiv und tiefsinnig, gerne wird er als Vertrauter um Rat angegangen. Wenn er dann überlegen an seiner Pfeife kaut, kommt kaum jemand (vor allem Frauen nicht!) auf den Gedanken, er sei so schweigsam, weil er in Wirklichkeit gar nichts zu sagen hat. Es fehlt ihm die Fähigkeit zur Kommunikation, Nähe ist nur kurzfristig tragbar, sie erschöpft ihn. Etwaige von anderen ausgehende Be-Ziehungsversuche scheitern früher oder später an seiner kurzatmigen Emotionsfähigkeit.

Nicht selten ist gerade der ›Steppenwolf‹ ein wahres sexuelles Potenzwunder. Er schafft es, seine Sexualität derart gefühlsfrei zu halten, daß er seinen Körper wie eine Maschine benützen kann. Frauen, die sich anfänglich fast magisch von einem solchen ›coolen‹ Mann angezogen fühlen, verlassen ihn später gerade wegen seiner extremen Gefühlskargheit und deshalb ›mechanisierten‹ Potenz. ›Steppenwölfe‹ sind aber durchaus in der Lage, in ihrer selbstgewählten Isolation kreative Impulse wie Schreiben, Malen, Musizieren, usw. zu entwickeln. Als ›Künstler‹ können sie dann doch heilsame Bestätigung durch die Bedeutung ihrer Werke erfahren und sich damit aufwerten. Beziehungen aber bleiben belastet, verworren und kompliziert.

Bei ›Karriere‹-Männern schwindet das aktive sexuelle Interesse im Laufe ihres immer intensiveren beruflichen Engagements. Zwei Gründe sind dafür maßgebend:

- Geschlechtsverkehr ist selten losgelöst von emotionalen Ansprüchen an den Mann, da ja intime Nähe entsteht. Es wird dann etwas von ihm erwartet, von dem er schon lange begriffen hat, daß er nur ungenügend darauf reagieren kann und sich dementsprechend hilflos fühlt. Er wird mit dem Störfaktor ›Gefühl‹ konfrontiert, den er nicht mit gewohnter Tüchtigkeit bezwingen kann.

- Gerade im oberen Kader ist die Gefühlsverdrängung derart ausgebildet, daß der Mann häufig nicht mehr ›spürt‹, ob ihm die Frau als Bettpartnerin überhaupt zusagt und gefällt, bzw. ob er Lust hat oder nicht. Das sexuelle Fiasko ist in den meisten Fällen vorprogrammiert. Mit der darausfolgenden zunehmenden Potenzangst stellen sich dann bald ernste Potenzstörungen ein, die fälschlicherweise auf dem medizinisch-körperlichen Weg zu heilen versucht werden.

Natürlich flackert sexuelles Interesse immer wieder auf. Vor allem dann, wenn es ›unverbindlich‹ scheint – auf einer Geschäftsreise, bei einem Essen, einem Ausflug. Der Mann spricht dann gerne vom ›Reiz des Neuen‹ und realisiert nicht, daß er damit auch den ›Reiz des Unverbindlichen‹ meint. Seine Frau oder Freundin zu Hause mag zwar bildschön und attraktiv sein – aber sie will ständig etwas von ihm. Nicht nur Geschlechtsverkehr – nein: auch Zuwendung, Emotionalität, Zeit, Interessen teilen ... Aber so einfacher, ausschließlicher, primitiver Sex – ein erfrischendes, komplikationsloses Bumsen ... und nachher aufstehen und gehen ... ahhh ... Männerphantasien laufen heiß!

Nicht auszudenken, was passiert, wenn tatsächlich die Frau gefunden wird, mit der er, einfach so, bumsen, fikken, pimpern, pudern, nageln, vögeln ... kann. Unverbindlich, ohne Anspruch an ihn. Plötzlich kommen beim Mann emotionale Besitzansprüche hoch – er ist bereit, alles aufs Spiel zu setzen für diese Frau – er braucht sie, noch nie hat er sich so als Mann gefühlt – um dann festzustellen, daß *er* die von ihm zur Distanz benötigte Unverbindlichkeit selbst beendete und ihm nun diese Beziehung ebenfalls über den Kopf zu wachsen droht. Ob es dann die zweite, dritte oder gar vierte Ehe ist – alles wiederholt sich im selben Muster. Und immer mehr ist er auf die erfolgreiche Kompensation im Beruf angewiesen!

Beruf, Leistung überhaupt, ist *die* Domäne. Hier kann er, ohne die Gefahr, emotional überfordert zu werden, seine Ich-Schwäche auf gesellschaftlich anerkannte Weise ausgleichen. Unter Umständen erhält der Mann dadurch genügend Motivation, um seine Gefühlsangst ebenfalls angehen zu können. Dann wäre die Frau nicht mehr eine mögliche Gefährdung seiner ›inneren Ruhe‹ und die Arbeit nicht hauptsächlich eine dringend benötigte Aufwertungsmöglichkeit. Er würde zum besseren, weil selbstsicheren Partner und Liebhaber und zum besseren, weil nicht überforderungsgefährdeten Berufstätigen.

Männliche Ich-Schwäche kann Kompensation durchaus hauptsächlich in der Macht suchen (»So ohn-mächtig ich mich manchmal fühle, so mächtig will ich sein!«). Wenn zuwenig gesunder Instinkt vorhanden ist, um zu realisieren, daß der Weg dazu über seriöse berufliche Arbeit führt, kann dieses Machtstreben böse Folgen nach sich ziehen: Abrutschen in Kriminalität, sexuelle Perversionen (siehe das Kapitel über den Mann und seine Sexualität), politischer Machtmißbrauch, Tyrannei und Brutalität in Beziehungen, Korruption, usw.

Zusammenfassend läßt sich sagen, daß ein Mann (wie alle ›Menschen‹) beide Seiten in sich entwickeln muß: die der Leistung (was ihm leichtfällt − er wird dazu erzogen), wie die des Gefühles (was unglaublich schwer ist − es fehlt an Vorbildern). Nur dann kann er wirklich ›erfolgreich glücklich‹ werden. Sonst − was nützt es ihm, beruflich noch so erfolgreich und bestätigt zu sein, wenn seine Beziehungen zu Frauen ständig scheitern oder seine Ehe ihn kalt läßt und er für seine Kinder ein Fremder ist? Im hohen Alter werden weder seine Erfolge noch seine Orden, noch sein Geld ihm die langen Tage verkürzen. Da fehlt ihm plötzlich besorgte Anteilnahme, menschliche Zuwendung, Wärme, eine Frau, Kinder, Enkel ...

Der patristische Mann muß lernen, eine Emotionalität zu entwickeln und einzusetzen − damit er später nicht mit leeren Händen dasteht. Er muß Gefühle säen, um Gefühle ernten zu können.

An den Mann

Nicht wahr, auch Sie fühlen sich gut in Ihren ›Jäger-Gemeinschaften‹? Unter Gleichgesinnten, die Sie mit emotionalen Ansprüchen verschonen und Ihnen sicherlich auch keine Vorwürfe machen, wenn Sie gerade keinerlei Lust haben, ein vertraulicheres Gespräch zu führen? Vergleichen Sie Ihr Empfinden mit dem, was Sie bei sich zu Hause verspüren. Ist Ihnen daheim auch wohl? Wenn Sie eine Frau und eventuell Kinder haben, überprüfen Sie einmal Ihre Lebenssituation mit folgendem Fragenkatalog:

● Gehen Sie gerne und häufig von Ihrer Frau, von Ihrer Familie weg? Wird es Ihnen zu Hause schnell einmal ›zuviel‹?

● Ermüdet Sie ein mit Arbeit und Terminen vollgepackter Geschäftsalltag weniger als ein Tag mit Ihrer Familie?

● Fühlen Sie sich durch die Ansprüche oder Erwartungen Ihrer Frau schnell genervt?

● Geben Ihre Kinder Ihnen leicht das Gefühl, Sie kriegen keine Luft mehr?

● Sind Geschäftsreisen wie kleinere Ferien?

● Verspüren Sie manchmal etwas wie Sehnsucht nach einer anderen Frau? Nach mehr Freiheit?

● Entsprechen Ihre sexuellen Träume und Wünsche immer weniger Ihrer Realität?

● Möchten Sie manchmal Ihren Koffer packen und auf und davon gehen?

● Haben Sie häufig den Eindruck, etwas vermißt zu haben in Ihrem Leben?

● Möchten Sie nochmals, ohne materielle Belastung, von vorne beginnen?

● Möchten Sie etwas ganz anderes tun?

Wenn Sie mehr als sechs spontane ›Ja‹ haben, wäre es an der Zeit, daß Sie sich um ein klärendes und beratendes Gespräch bemühen. Sie stehen gefühlsmäßig vermutlich schon seit einiger Zeit nicht mehr hinter Ihrer Lebenssituation. Weder in emotionaler, noch in beruflicher Hinsicht. Fassen Sie jetzt Ihr ganzes angelesenes Wissen über penisabwertende Erziehung zusammen und suchen Sie Parallelen zu sich. Was könnten Sie überhaupt noch *tun*, um sich mehr aufzuwerten, sich also ernster zu nehmen und mehr Mut zu haben, Ihre Wünsche verwirklichen zu dürfen? Unter Umständen ist Ihr Leistungsbereich ausgeschöpft. Wollen Sie sich einen neuen, befriedigenderen erschließen, oder entschließen Sie sich, zuerst Ihre Ich-Verunsicherung, durch die Ihre Lebenssituation überhaupt ermöglicht wurde, aufzuarbeiten?

Gehören Sie zu den Männern, die bereits Beziehungsverluste hinter sich haben? Spüren Sie Wut über die betreffenden Frauen, die es ›wagten‹, Sie in Frage zu stellen oder gar zu verlassen? Dann müssen Sie der Tatsache ins Auge sehen, daß Sie anscheinend Beziehungen vor allem zur Stärkung Ihres Egos mißbrauchten. Und als das ›Publikum‹ nicht mehr wollte und ging, blieben Sie alleine und ohne momentane Bestätigung zurück. Dann wurden Sie in Ihrem verunsicherten Ich-Gefühl zusätzlich verletzt.

Nun haben Sie zwei Möglichkeiten: entweder Sie verdrängen Ihre Gefühle noch mehr, damit niemand Sie je wieder derart verletzen kann, oder Sie gehen der Überlegung nach, warum Ihre Beziehungen scheitern. Vielleicht

haben Sie sich inzwischen die Macho-Rolle übergestülpt
... es schützt Sie nicht. Machos sind nämlich die ersten,
die verlassen werden. Keine Frau verhungert gerne gefühlsmäßig. Außer natürlich, Sie suchen sich eine Frau,
die ein genauso angeschlagenes, kastriertes Selbstwertgefühl hat wie Sie. Dann passen Sie zusammen − aber
ob Sie dann glücklich sind?

Flüchten Sie nicht ständig in Ihre Arbeit − bemühen
Sie sich, Ihre Angst und Unsicherheit, ihre schnelle Überforderung in privaten Beziehungen mitzuteilen. Wenn
Sie bei jeder Auseinandersetzung lieber schweigen, aus
dem Zimmer gehen oder derart reagieren, daß ihre Frau/
Freundin ihrerseits hilflos wird, haben Sie für sich ja
nichts erreicht. Auch nicht für Ihre Beziehungen. Sicher
beginnt man mit der Zeit, Sie in Ruhe zu lassen, oder
trennt sich gar von Ihnen. Aber es ist doch zu bezweifeln,
daß Ihr Lebensziel die Einsamkeit ist. Zudem holen Sie
sich auf die Art die Bestätigung, daß Ihre Gefühlsseite
tatsächlich nicht ernst zu nehmen ist. Sie haben ja nur
Scherereien damit ... Haben Sie sich schon die dürftige
Erklärung zusammengebraut, daß Frauen meistens be-
rechnend, oberflächlich, irrational, launisch, unzuverlässig, unehrlich, usw. sind? Daß Sie durchaus bereit
wären, eine ›echte‹ Beziehung einzugehen, aber ... Sind
die Frauen, die Ihnen am besten gefallen, bereits gebun-
den oder geographisch weit weg?

Könnte es möglich sein, daß Sie Ihre Beziehungen von
Anfang an so gestalten, daß Sie auf jeden Fall verletzt,
enttäuscht, hintergangen oder ausgenützt werden? Um
sich dann mit Schaudern abzuwenden und mit blutendem
Herzen in Ihre Männergemeinschaft zu flüchten? Noch
mehr Überstunden zu machen oder sich gar versetzen zu
lassen − möglichst in ein Entwicklungsland, wo man

(und Frau!) so aufrechte Männer wie Sie noch zu schätzen weiß?

Ich hoffe doch, daß Sie langsam etwas merken. Sie haben ja Angst vor Beziehungen, Angst vor Ihren Gefühlen, Angst vor Verletzungen. Aber statt ein Einsehen zu haben, bauen Sie sich Fluchtwege: Es liegt an den Umständen, die Frau ist schuld. Natürlich werden Sie ein immer besseres Arbeitstier – Sie müssen ja allmählich sehr viel kompensieren an angeschlagenem Selbstwertgefühl. Vermutlich wirken Sie auch außerordentlich ›cool‹, also überlegen und beherrscht. Niemand käme auf die Idee, daß Sie innerlich am Vereinsamen sind. Was geschieht mit Ihnen, wenn Ihre Leistungen nicht mehr so gefragt sind?

Also packen Sie doch diese verflixte, kastrierende Gefühlshemmung und -verdrängung an! Auch wenn Sie dazu Hilfe brauchen. Sie benötigen Ihre seelische Ganzheit, um sich tatsächlich und endlich zu einem wirklich potenten Mann entwickeln zu können!

7. Eine Ehegeschichte aus zwei Blickwinkeln

Manfred

Ich bin, um den ›Kleinen Macchiavelli‹ zu zitieren, in einem Elternhaus mit Gemäldesammlung aufgewachsen. Mein Vater war der sogenannte zweite Mann in einem Großunternehmen, und es war ihm immer klar, daß ich denselben Studiengang durchlaufen würde wie er. Was ich dann natürlich auch tat.

Ich erinnere mich nicht, daß mein Vater sich je um mich bemühte, als ich noch ein Kind war. Ich sah ihn ohnehin selten, dafür meine Mutter um so mehr. Vermutlich geht es allen Einzelkindern gleich − sie werden von der Mutter überbehütet. Meine Mutter saß bei mir im Sandkasten, sie brachte mich zur Schule und holte mich wieder ab, sie sang, spielte, bastelte und machte Ausflüge mit mir. Sie war allgegenwärtig. Ihr Kosename für mich war ›mein Manfredelchen‹. Ich versuchte jahrelang, sie dazu zu bringen, mich Manfred oder Mani zu nennen, es war zwecklos.

In der Schule hatte ich einige gute Freunde: der Sohn des Briefträgers, des Bäckers und des Chauffeurs meines Vaters. Wir wohnten auf dem Lande und waren von daher recht eng mit der Dorfgemeinschaft verbunden. Meine Mutter kannte jeden im Ort und wurde auf der Straße von allen Seiten aufs herzlichste gegrüßt, was mich als kleinen Jungen sehr stolz machte. Manchmal kam mein Vater am Wochenende nach Hause, dann hatten wir meist viele Gäste, und ich mußte mich um die

Kinder kümmern. Mein Vater pflegte zu sagen, das seien die einzigen Tage, da ich einen unserer Familie würdigen Umgang hätte. Meine Freunde waren nie eingeladen, wenn Vater da war. Ab und zu verlangte Vater meine Schulhefte, schaute sie mit gerunzelter Stirne durch und ermahnte mich, sauberer zu schreiben. Meine Noten fand er ›ordentlich‹. Er wies mich darauf hin, daß freies Zeichnen für einen zukünftigen Chemiker weniger wichtig sei als die naturwissenschaftlichen Fächer. Ich stimmte ihm zu und bemühte mich noch mehr in der Schule. Mathematik war keineswegs meine Stärke, Physik und Chemie interessierten mich nur beschränkt. Trotzdem schaffte ich es immer, ›ordentliche‹ Noten vorweisen zu können.

Ich erhielt jeden Monat ein äußerst knapp bemessenes Taschengeld. Mein Vater fand, daß wohlhabende Familien meistens ihre Söhne zu Gesellschaftsparasiten verwöhnten, er aber wolle das in meinem Fall verhindern. Ich solle den ›Wert des Geldes‹ kennenlernen. Deswegen mußte ich ein Kassabuch führen. Als das erste Mal die Ausgabe für einen Skizzenblock darin erschien, wies mich mein Vater darauf hin, daß ich anscheinend zuviel Geld zur Verfügung hätte, daß ich solche überflüssigen Ausgaben machen könne. Fortan erschien mein Zeichenmaterial unter der Bezeichnung ›Pausenbrote‹.

Meine Mutter unterstützte meine Kritzeleien, wie Vater meine Zeichnungen abschätzig bezeichnete, mit viel Lob. Sie selbst malte wunderhübsche Aquarelle in wie hingehauchten Farben. Sie und ich musizierten auch gerne und viel zusammen. Trotzdem war ich doch ein richtiger Junge. Ich raufte mich mit meinen Freunden, unternahm lange Fahrradausflüge mit ihnen und war als ausdauernd und kräftig bekannt, zudem ruderte ich.

Mit ungefähr zehn Jahren ging ich zum ersten Mal zur Beichte und erhielt den ›Beichtspiegel‹. Ich fragte meine Mutter nach der Bedeutung des Satzes ›Ich war unkeusch‹. Ihre Reaktion war derart abwehrend und verlegen, daß ich begriff, daß es etwas sehr, sehr Unanständiges sein mußte. Unanständig war bei uns alles, was mir nicht erlaubt war: in der Nase bohren, bei Tisch reden, in Vaters Arbeitszimmer gehen, ohne Fragen Eßbares aus dem Kühlschrank nehmen, unbekleidet ins Badezimmer laufen, usw. Sonntags darauf fragte ich meinen Vater dasselbe. Er schaute mich eine Weile ernst an und sagte dann, unser Fleisch sei schwach, deswegen sollte ich mich möglichst nicht an meinem ›Geschlechtsteil‹ berühren, das sei eben ›unkeusch‹. Ich fragte ihn dann, ob Berührung krank machen könne? Er legte mir die Hand auf die Schulter und nickte, nickte mehrmals. Viel später habe ich erfahren, daß er damals schon eine Freundin hatte, sehr zur Verzweiflung meiner Mutter, die sich aber nichts anmerken ließ.

Als ich sechzehn Jahre alt wurde, geschahen zwei Dinge auf einmal: wir zogen in ein großes Haus in die Stadt, weil Vater uns plötzlich ›nahe‹ haben wollte, und ein jüngerer Cousin von mir wohnte bei uns. Er und ich verstanden uns prächtig, die erste tiefe Freundschaft meines Lebens entwickelte sich. Zuerst war ich sehr traurig gewesen über unseren Umzug, mir fehlten meine Freunde, die Umgebung, all das jahrelang Vertraute. Mein Vater schnauzte mich mehrmals ungeduldig an, ich solle meine sentimentale Ader im stillen Kämmerlein, zusammen mit meinen Kritzeleien, ausleben, aber bitte nicht unter seinen Augen. Als dann mein Cousin kam, ging es mir schlagartig besser. Die Stadt begann mich zu faszinieren, ich konnte mit Wolfgang stundenlang durch die

Straßen gehen. Die Skizzen, die ich anschließend aus dem Gedächtnis anfertigte, riefen seine Anerkennung und Bewunderung hervor. Ich war sehr stolz.

Auch in der neuen Schule lebte ich mich gut ein. Nach kurzer Zeit schon bat man mich, die Kulissen für das alljährliche Schultheater zu entwerfen und auszuführen. Ich stürzte mich mit Feuereifer auf die Aufgabe, sehr zum Mißvergnügen meines Vaters. Er hatte begonnen, meine Erziehung ›in die Hand‹ zu nehmen. Ständig mußte ich mir anhören, welch ein Muttersöhnchen ich sei. Meiner Mutter machte er ständig Vorwürfe, sie hätte mich verweichlicht, es sei ein Fehler gewesen, mich ihr solange alleine anzuvertrauen. Er machte es zur Regel, daß mein Cousin und ich jeden Morgen in den nahen Park laufen gehen und uns nachher kalt duschen mußten. »Ein Mann muß sein Fleisch beherrschen können!« war seine geheimnisvolle Devise. Er selbst spielte jeden Morgen, ob Sommer oder Winter, punkt sieben Uhr dreißig mit seinem Trainer Tennis. Jeden zweiten Tag heizte er die Sauna auf. Nachdem ich zweimal fast ohnmächtig wurde in der Hitze, akzeptierte er schließlich meine körperliche ›Laschheit‹ und begnügte sich mit Wolfgangs Gegenwart. Natürlich mußte ich mir ständig anhören, daß ich meiner Mutter jeden Tag ähnlicher werde: kränklich (ich war praktisch nie krank) und ohne Durchhaltevermögen. Ich fragte Mutter häufig, warum sie eigentlich nicht wegginge – ich würde auch mitkommen. Sie seufzte dann und meinte, ich würde ›vieles‹ eben noch nicht verstehen. Lange Zeit meinte ich, sie fürchte, in Armut leben zu müssen, bis ich erfuhr, daß sie eigenes Vermögen besaß.

Wir wohnten in der Nähe eines Rotarier-Freundes meines Vaters. Sie gingen gemeinsam jagen und trafen sich auch sonst recht häufig. Bald entstand eine enge Beziehung zwischen unseren beiden Familien. Die Tochter gefiel mir sehr. Ich füllte ganze Skizzenblöcke mit gewagten Zeichnungen von ihr, schämte mich auch deswegen. Ich hatte mit Onanieren begonnen, was mich um so mehr belastete, als ich es sehr häufig tat. Ich hatte mir zu dem Zweck in einem abgelegenen Geschäft schwarze Strapse gekauft, die ich dann anzog. Je ausgeklügelter meine Onanie wurde, um so schuldbewußter fühlte ich mich. Wolfgang war im Gegensatz zu mir aufgeklärt, und ich konnte ihm viele Fragen stellen. Nie aber getraute ich mich, ihm von meiner unanständigen, unkeuschen Seite zu erzählen. Ich wußte, daß ich irgendwie pervers war, und konnte nur hoffen, niemand würde es merken.

Besagte Tochter, Barbara, beachtete mich kaum. Für sie war ich vermutlich ein grüner Junge unter vielen. Es schien mir richtig so, ich getraute mich kaum, sie offen anzuschauen, weil ich an all die Zeichnungen dachte, die ich von ihr anfertigte. Nach tagelangem Zaudern kaufte ich auf der anderen Seite der Stadt ein Porno-Magazin. Ich klebte die schönsten weiblichen Geschlechtsteile auf ein Blatt und zeichnete Barbaras Gesicht dazu. Damit feierte ich wahre Orgien. Ich konnte mich problemlos vier-, fünfmal nacheinander befriedigen.

Für die anderen war ich ein guter Schüler, ein begabter Sportler, ein ausgezeichneter Zeichner – immer freundlich, zuvorkommend und unglaublich angepaßt. Ständig hatte ich ein leichtes Lächeln aufgesetzt. Vermutlich wollte ich dadurch einen Eindruck von Unschuld vermitteln. Die Stellung meines Vaters öffnete mir alle Türen. Ich wurde zum gerne gesehenen Partygast, vor allem, wenn Töchter im Hause waren. Mein Abitur bestand ich mit Bravour. Als Geschenk erhielt ich mein erstes Auto

– eine unerwartete Großzügigkeit meines Vaters. Ich war über alle Maßen erfreut und begann mein Auto zu hegen und zu pflegen wie eine seltene, kostbare Pflanze.

Bevor ich mit dem Chemiestudium begann, wurde mir ein Jahr Sprachaufenthalt geschenkt in Rio de Janeiro, bei einem Bruder meiner Mutter. Dort explodierte meine Zeichenfreude vollständig. Ich entdeckte Farben, ich begann zu malen. Mein Onkel hatte zwei Söhne, die beide älter und wesentlich erfahrener waren als ich. Sie führten mich bei einer Prostituierten ein, bei der ich meine extreme Sinnlichkeit endlich austoben konnte. Sie war nur wenig älter als ich und verliebte sich in mich. Wenn ich nicht zeichnete, strich ich um ihr Elternhaus, wo sie noch immer wohnte. Sie ließ sich auch in allen Stellungen skizzieren von mir. Nach einem halben Jahr wurde ich krank. Es begann mit einem Brennen beim Urinieren, dann stellten sich schorfartige Pusteln an meinem Penis ein. Ich versuchte alles, bis ich vor Schmerzen weder aus noch ein wußte. Es kam mir vor wie eine Strafe Gottes wegen meines unsittlichen Lebenswandels. Ich mußte zu meinem Onkel gehen, der einen Lachanfall kriegte und mich zu seinem Arzt mitnahm. Ich war tatsächlich geschlechtskrank. Der Geschlechtsverkehr mit Anna wurde mir untersagt, der Arzt gab mir zusätzliche Pillen für sie mit und trug mir auf, sie ebenfalls zum Arzt zu schicken.

Ich habe Anna nie mehr gesehen, wenn sie nach mir fragte, ließ ich mich verleugnen. Die Pillen für sie warf ich fort, in mir war nur ein übermächtiges Ekelgefühl, ich wollte nach Hause. Kaum geheilt, besorgte ich mir ein Rückflugticket und war zwei Tage später wieder bei meinen Eltern. Ich weiß noch, wie angenehm kühl und sauber alles auf mich einwirkte. Mein Vater war sichtlich gerührt, mich zu sehen, meine Mutter weinte vor Freude.

Natürlich haben sie nie etwas von meinem ›Malheur‹ erfahren.

Am Abend meines Ankunftstages teilte mir mein Vater mit, ich müsse nicht zur Bundeswehr, er hätte sich dafür eingesetzt. Meinem Studienbeginn stehe nichts im Wege. Ich schrieb mich ein für Chemie, wie es mein Vater erwartete. Ich zeichnete und malte seit Rio de Janeiro nicht mehr, es verlangte mich nicht mehr danach. Hingegen onanierte ich wieder, häufig und lustvoll. Ich schaffte es, nach langem Training, meinen Penis selbst zu lecken. Meine schlechten Gefühle deswegen schob ich zur Seite.

Ich war kein hervorragender Student, aber meine Studienzeit verlief reibungslos. In meiner Freizeit ruderte ich, gewann einige Medaillen, war beliebt und häufig eingeladen. Ich ging gerne tanzen und tändelte mit Mädchen, ohne in der ganzen Zeit je sexuellen Kontakt zu haben. Ich sah Barbara wieder häufiger. Uns beiden war klar, daß unsere Eltern uns gerne als Paar sehen würden. Jegliche Zweisamkeit von uns wurde derart unterstützt und gefördert, daß es manchmal ans Lächerliche grenzte. Barbara war ganz entschieden nicht mehr Jungfrau. Sie hatte eine Art, mich manchmal anzuschauen, die mich unwillkürlich an Anna erinnerte. Als wir uns das erstemal küßten, war es wie ein Schock für mich. Mir fiel meine ganze frühere Verehrung für Barbara wieder ein, meine schmutzigen Zeichnungen von ihr, meine Orgien ... Ihre Lippen, ihre Mundhöhle riefen die widersprüchlichsten Gefühle in mir wach. Während mein Penis steif wurde, spürte ich Abwehr und Widerwillen in mir, ich hatte auch den Eindruck, sie habe schlechten Mundgeruch. Sie merkte nichts von meinem Abscheu, sondern drückte sich auf eine Art an mich, daß sie sicherlich meine körperliche Reaktion spürte ...

Ich begann, das Alleinsein mit ihr zu meiden, wo es nur ging. Ich mußte mich ja auf die Schlußprüfungen vorbereiten. Mein Vater half mir und war der erste, der mir nach erstaunlich erfolgreichem Abschluß gratulierte. Er hatte Tränen in den Augen. Anläßlich meiner Doktorfeier, drei Jahre später, gaben Barbara und ich unsere Verlobung bekannt. Ich stieg im selben Unternehmen ein, in dem mein Vater inzwischen Verwaltungsratspräsident war, und startete mit Elan meine Karriere. Ständig quälten mich Alpträume, jemand würde mein Geheimnis aufdecken. Ich erwachte dann schweißgebadet und setzte mich an meinen Schreibtisch, um so lange zu arbeiten, bis ich wieder müde wurde.

Am Vorabend meiner Hochzeit war ich derart betrunken, daß ich anscheinend davon sprach, nach Rio de Janeiro ›abzuhauen‹. Wolfgang, der mein Trauzeuge sein sollte, hielt mich mit viel Mühe davon ab, in meinem Zustand auf den Flughafen zu gehen. Unter viel Gelächter erzählte er diese Polterabend-Episode bei unserer Hochzeitsfeier. Barbara wollte sich ausschütten vor Lachen. Unsere Hochzeitsnacht war ein Alptraum. Barbara war ganz offensichtlich eine erfahrene Frau, sie versuchte alles, um mich in Stimmung zu bringen. Es war vergeblich. Mir wurde zwischendurch übel, und ich mußte ins Badezimmer rennen. Schließlich einigten wir uns auf Alkoholexzeß und Nervosität. Sie schlief ein und ich ging in mein Arbeitszimmer und begann, einen Bericht über eine neue Versuchsreihe durchzulesen. Am Morgen frühstückten wir, als wäre nichts gewesen.

Auf der anschließenden Hochzeitsreise hatte ich mit Barbara nicht einmal eine Erektion. Sie war unglaublich geduldig und versuchte ihre sämtlichen erotischen Tricks an mir. Kaum berührte sie mich, hatte ich den Eindruck, alles in mir versteife sich – nur nicht mein Schwanz. Dafür onanierte ich etwa ein halbes dutzendmal am Tag, schnell und heimlich, auf der Männertoilette in einem Restaurant, im Badezimmer des Hotels, immer, wenn ich gerade allein war. Barbara redete mir zu, zu Hause den Betriebsarzt aufzusuchen. Ich sei vermutlich überarbeitet und dementsprechend überreizt. Ich murmelte etwas Zustimmendes, dachte aber nicht im geringsten daran, je Hilfe in Anspruch zu nehmen. Mein Gott, mein ganzes sexuell-perverses Treiben jemandem erzählen zu müssen?! Auf gar keinen Fall! Auf der Rückfahrt der Hochzeitsreise (welcher Witz!) per Schiff bemerkte ich, wie Barbara unverhohlen mit einem Mann flirtete, der noch alleine an einem Tisch in unserer Nähe saß. Sie sah meinen Blick, zuckte die Schulter und meinte: »Weißt du, ich war und bin keine Kostverächterin. Du hast mich sehr auf Diät gesetzt ...« Ich hätte sie schlagen können, statt dessen lächelte ich verständnisvoll.

Zu Hause stürzte ich mich in meine Arbeit. Ich erzählte Barbara, der Betriebsarzt hätte meine Impotenz als vorübergehende nervöse Störung diagnostiziert und zu getrennten Schlafzimmern geraten. Ab und zu versuchte Barbara noch, mich zu verführen, doch die Abstände wurden zum Glück immer größer. Sie ging viel aus, erzählte mir dann, sie sei im Theater gewesen oder bei einer Freundin. Ich glaubte ihr kein Wort, es geschah häufig genug, daß, wenn das Telephon klingelte und ich mich meldete, auf der anderen Seite aufgelegt wurde. Barbara sah außerordentlich gut aus, war stets geschmackvoll gekleidet und besaß einen gewissen, aufreizenden Charme. Bei gesellschaftlichen Anlässen war sie der Mittelpunkt männlicher Aufmerksamkeit. Meine Vorgesetzten und Kollegen beneideten mich um meine attraktive und geistreiche Frau. Mehr oder weniger direkt wurden wir auf zu erwartende Kinder angesprochen. Vor allem unsere Eltern schienen es als unsere Aufgabe anzusehen, ihnen Enkel zu schenken.

Nach einem knappen Jahr schlug ich Barbara die Scheidung vor. Sie schaute mich völlig entgeistert an. Ich sei ja bescheuert, ob ich an meine Karriere denke und an das, was die Leute sagen würden, an sie und an ihre Erwartungen? Ich versicherte ihr, daß ich finanziell für alles aufkommen würde, sie sich keine Sorgen machen müsse, und ich der Überzeugung sei, sie verdiene einen besseren Mann. Worauf Barbara sich mir schluchzend in die Arme warf und mir immer wieder beteuerte, wie sehr sie mich liebe, daß ich doch Geduld haben sollte. Sie war völlig aufgelöst, ihr Make-up zerlief unter den Tränen, ihr Lippenstift-verschmierter Mund zitterte haltlos. Etwas schob sich wie eine rote Wolke vor meine Augen — ich zerriß ihr Kleid, ihre Unterwäsche, ich nahm, vergewaltigte sie, wo wir gerade waren, neben dem Eßzimmertisch. Ich hörte sie schreien, ob vor Lust oder Schmerz — es war mir völlig gleichgültig. In dieser Raserei zeugte ich unsere Tochter.

Seitdem sind sieben Jahre vergangen. Wegen des Kindes haben Barbara und ich ein gemeinsames Schlafzimmer. Ich bemühe mich, falls ich überhaupt zu Hause bin, immer erst ins Bett zu gehen, wenn ich sicher bin, daß Barbara schon schläft. Am Morgen weckt uns meist unsere Tochter mit viel Freude. Dann gibt es Familienfrühstück.

Seit jenem ›Zwischenfall‹ hat sich Barbara körperlich von mir abgewandt. Zuerst wollte sie das Kind abtreiben — es war ein Schock für sie, als sie ihre Schwangerschaft entdeckte. Dann einigten wir uns darauf, das Kind doch zu haben und einen Weg zu finden, um einigermaßen miteinander leben zu können. Nach außen hin wirken wir wie die Idealfamilie überhaupt. Unser Tochter ist bildhübsch und hochintelligent. Sie weiß genau, wie sie mich um den Finger wickeln kann. Wir sind sehr stolz auf sie, sie bedeutet uns alles.

Ich onaniere weniger als früher, lasse mich auch ab und zu auf ein diskretes Abenteuer ein, für das ich immer bezahle. Jetzt, im Aids-Zeitalter, muß man ja doppelt vorsichtig sein. Barbara hatte diverse kurzfristige ›Freundschaften‹. Seit sie mich körperlich auch nicht mehr begehrt, hat sich eine Art von Kollegialität zwischen uns etabliert. Freundschaft wäre zuviel gesagt – wir sind beide sehr vorsichtig miteinander. Ich erkläre es mir dadurch, daß Barbara einen Blick in mein Horrorkabinett geworfen hat und deshalb auf Distanz ging und ich sie als ungewollte Mitwisserin auch nicht zu nahe haben möchte.

Beruflich bin ich für mein Alter erstaunlich weit. Meine Arbeit interessiert mich immer mehr. Ich kann mir gar nicht mehr vorstellen, daß die naturwissenschaftlichen Fächer einmal so wenig Reiz auf mich ausübten. Seitdem ich mich dabei ertappt habe, zuviel zu trinken, habe ich meinen Alkoholkonsum drastisch eingeschränkt.

Letztes Jahr starb meine Mutter an Krebs. Mein Vater lebt jetzt mit einer sympathischen Frau zusammen, die anscheinend bereits seit vierundzwanzig Jahren seine Freundin ist. Sie ist freiberufliche Journalistin, sehr witzig, aber nicht unbedingt hübsch. Mein Vater muß sich sehr gelangweilt haben mit meiner Mutter. Ich habe ihn gefragt, warum er sich damals nicht scheiden ließ. Er schaute mich erstaunt an und meinte, es sei ein großer

Unterschied zwischen der Frau, die ein Mann als Mutter für seine Kinder wähle und der, mit der er am liebsten ... hmhm, ›seine Zeit verbringe‹. Ich würde doch sicher verstehen, was er meine ... Ich verstand ihn sogar besser, als er glaubte.

Barbara möchte die Scheidung. Sie findet, unsere Tochter sei alt genug, um durch eine Trennung von mir nicht verunsichert zu werden. Wir würden auch nicht über Besuchsrechte sprechen – ich sei jederzeit willkommen, oder Judith (unsere Tochter) könne zu mir kommen. Nein, es sei nicht wegen eines anderen Mannes, aber sie werde älter und möchte nicht weiter in einer Ehe-Farce leben.

Ich verstehe Barbara, und ihre Entscheidung nötigt mir eine gewisse Bewunderung ab. Wir sind angesehene Leute, und ich kann mir vorstellen, was es Barbara gekostet haben muß, sich zu ihrem Entschluß durchzuringen. Ich werde mich bemühen, es ihr so leicht wie möglich zu machen. Auf eine Art bin ich auch erleichtert, daß sie diese Initiative ergriff. Bis jetzt weiß nur Wolfgang von unseren Scheidungsabsichten. Er ist nach wie vor mein bester Freund und Judiths Pate. Barbara mochte ihn anfänglich nicht, begann ihn aber mit der Zeit wie ein Familienmitglied willkommen zu heißen. Wolfgang weiß natürlich von nichts, ich habe ihm nur gesagt, Barbara und ich hätten uns wegen meinen häufigen Abwesenheiten auseinandergelebt. Er nickte nur und meinte, Barbara hätte so was anklingen lassen. Er versprach mir auch, Barbara und Judith nach der Trennung weiterhin zu besuchen. Ich fühle mich verantwortlich für Barbaras Wohlergehen, schließlich bin ich schuld am Scheitern unserer Ehe.

An den Mann

Sicher fiel Ihnen auf, wie karg Manfreds Schilderungen ausfallen. Von seinen Gefühlen erfahren wir so gut wie nichts. Die Menschen, die er beschreibt, wirken leblos und irgendwie unwirklich. Um sich ein Bild von ihm und seiner Umwelt machen zu können, muß man buchstäblich zwischen den Zeilen lesen können.

Können Sie sich Manfreds Elternhaus vorstellen, die Atmosphäre, die Manfred in seinen ersten Jahren umgab? Ein Vater, der seine Körperlichkeit außerhalb des Hauses auslebte und eine Mutter, die vergeistigte Aquarelle malte — nicht wahr, man sieht förmlich die elterliche Beziehung vor sich? Das flüchtige Erwähnen, daß unbekleidet ins Bad zu gehen als unanständig galt, zeigt uns die Verdrängung jeglicher Geschlechtlichkeit in Manfreds Familie besonders deutlich. Manfred orientiert sich eindeutig an der Mutter, er entwickelt eine ähnliche Kreativität, bezeichnet sich aber als ›doch ein rechter Junge‹, wie als müßte er sich selbst davon überzeugen. Die seltenen Anwesenheiten des Vaters wirken wie ein Verfremdungseffekt in dieser symbiotischen Mutter-Sohn-Beziehung. Der Vater ist fordernd und rücksichtslos, er zwingt Manfred, in eine bestimmte Richtung zu gehen, die dem Jungen nicht liegt. Manfred fügt sich, so wie schon die Mutter sich fügte und unterwarf.

In der körperfeindlichen Atmosphäre seines Elternhauses sucht Manfred Ventile für seine erwachende, ihn quälende Geschlechtlichkeit. Der Vater, der ihm durchaus eine verständnisvolle Hilfe und Aufklärung hätte bieten können, wertet ihn für alle Zeiten ab durch seine kastrierenden Sprüche über die Schwachheit des männlichen Fleisches. Vermutlich wollte er vermeiden, daß sein Sohn auch einmal ein Doppelleben führen muß wie er. Man kann sich die moralischen Anfechtungen des Vaters diesbezüglich nur allzu gut vorstellen.

Wie ein roter Faden zieht sich die Doppelgleisigkeit des Vaters durch Manfreds Leben. Körperlichkeit und Erotik dürfen offiziell nicht sein, das wäre eben ›unkeusch‹, unanständig. Anscheinend ist der Mann in dieser Hinsicht besonders gefährdet: Schon die Berührung mit seinem ›Fleisch‹ kann ihn krank machen. Vergessen wir nicht: der Vater will nur Manfreds Bestes. Er möchte ihm ein Leben voller Schuldgefühle wegen eines nicht gezähmten Sexualtriebes ersparen. Und deswegen gibt er Manfred die eindeutige Botschaft, den klaren Befehl, *nichts* mit seinem Penis zu machen, seinem ›Fleisch‹ keine Schwachheit zu erlauben.

Damit aber verbot er seinem Sohn eine gesunde Sexualität und verdammte ihn ebenfalls zum Abspalten seiner Gefühle. Wieder finden wir die Verkörperung des Sprichwortes: »Tel père, tel fils.« Manfred beginnt zu onanieren. Es ist die einzige Form der Sexualität, die ihm trotz des väterlichen ›Verbotes‹ übrig bleibt. Er kann es ja im Versteckten tun, niemand sieht es — vor allem sein Vater nicht. Manfreds widerspruchloses Fügen in den väterlichen Berufswunsch könnte man als schuldbewußten Sühneakt bezeichnen, als Opfer auf dem väterlichen Altar.

Manfreds eigentlicher Lebensinhalt, sein Zeichnen, geschieht fast so heimlich wie sein Onanieren. Geschlechtlichkeit und Kreativität gehören somit untrennbar zusammen, versteckt vor Vaters Mißbilligung gedeihen sie zu ungeahnten Ausmaßen. Manfred fühlt sich stark zu

Frauen hingezogen. Sein Begehren kann und darf er nicht zeigen, dagegen steht Vaters Verbot. Somit ›verkleidet‹ sich der Junge beim Onanieren als Frau und lebt die gegengeschlechtliche Anziehung am eigenen Körper aus. Seine Sexualität untersteht einem derartig starken Verbot, daß er die Verehrung für die Nachbarstochter Barbara mit Begehren verwechselt. Es fällt ihm auch nicht weiter auf, daß er bei seinen Onanierphantasien ja nur ihren *Kopf* verwendet, so als wüßte er eben doch, daß ihr Körper ihn eigentlich kalt läßt. Zudem hat er die für ihn beruhigende Annahme, daß er für sie ein ›Niemand‹ sei.

Allmählich verblaßt der Einfluß der Mutter, der Vater erweist sich als viel dominanter. Seine verächtliche Art der Mutter gegenüber teilt sich Manfred durchaus mit und mindert den emotionalen Wert der Mutter und der damit verbundenen Werte wie Sensibilität und Kreativität. Er will wissen, warum sie nicht geht. Er ›als Frau‹ wäre gegangen. Manfreds Verbundenheit und Loyalität der Mutter gegenüber nimmt allmählich ab, er kann sie nicht mehr ernst nehmen. Seine Gefühlsverdrängung funktioniert schon sehr gut, er paßt sich immer besser dem stärkeren Vater an. Er wird auch großzügig belohnt für sein bestandenes Abitur, für das Sich-Fügen in väterliche Pläne. Und jetzt kommt die Chance seines jungen Lebens: er darf nach Rio de Janeiro! Weg vom kastrierenden Vater, von der unterwürfigen Mutter, explodiert Manfreds eingedämmte Sinnenfreudigkeit. Er ›spürt‹ buchstäblich Farben um sich, in sich. Seine sonst beschnittene Sexualität darf sich auf die recht unverbindliche Nähe einer Prostituierten ausdehnen. Manfred schwelgt! Um dafür bestraft zu werden, genau wie sein Vater es ihm angedroht und prophezeit hatte! Berührung macht krank ... Sein Vater hatte recht, in allem. Manfred akzeptiert seine Kastration reumütig und reist, endgültig bekehrt, wieder nach Hause, um in seines Vaters Fußstapfen zu treten. Selbst seine Kreativität, die ja stets dem Vater ein Dorn im Auge war, geht ein – zusammen mit dem Versuch gesunder Sinnlichkeit. Die väterlichen, gefühlsbeschneidenden Richtlinien erwiesen sich als zu stark, um dagegen ankämpfen zu können. Manfreds Kreativität war der Beweis, daß er eine gut ausgeprägte Fähigkeit zur Kommunikation hätte – jeder Künstler benützt ja sein Werk, um der Umwelt etwas mitzuteilen. Manfred aber hat resigniert; er hat die Kommunikation abgebrochen, die ihm ja nur gefühlsmäßige Schwierigkeiten bereitete. Er wird jetzt im Sinne seines Vaters zum ›richtigen Mann‹!

Der Vater befürchtet den Fremdeinfluß der Bundeswehr auf seinen Sohn. Es ist ja doch anzunehmen, daß er sehr wohl Bescheid weiß über Manfreds ›Erkrankung‹ in Brasilien. Er wird erkannt haben, daß Manfred unter väterlicher Kontrolle bleiben muß, sonst besteht die Gefahr, daß der Sohn sich von den Richtlinien wegentwickelt. Manfred ›darf‹ sogleich auf die Universität, um die gleiche Laufbahn wie sein Vater einzuschlagen.

Natürlich heiratet er Barbara – es entspricht ebenfalls den Erwartungen des Vaters, genauso wie er einen guten Studienabschluß machte mit anschließender Promotion. Barbara aber will einen Wunschmann, sie erkennt Manfred nicht als kastrierten Vatersohn. Sie tritt ihm als verführerisches Weibchen entgegen und erwartet eine männlich-sinnliche Reaktion. Aber Manfred begehrt sie nicht, genausowenig wie er sie liebt. Er hat seine Gefühle, nach der Erfahrung mit Anna, endgültig verdrängt, er lebt nur noch über seinen Verstand. Erst als Barbara sich ihm mit einem anderen Gesicht zeigt, verheult und verzweifelt, bricht verdrängte Erotik aus ihm heraus. Seine tief verborgene, fast vergessene Sehnsucht nach Anna, der einzigen Frau, die er je begehrte, explodiert. Er verliert völlig die Kontrolle über sich, ohne die tieferen Zusammenhänge erkennen zu können, ohne wahrnehmen zu können, welche Wahrheit ihm sein Körper mitzuteilen versuchte. Spielend gelingt es ihm auch hier, seine Gefühle wieder zuzuschütten. Wichtig für ihn bleibt nur eine Tatsache: er hat ein Kind gezeugt!

Jetzt lebt Manfred endlich ein ›normales‹ Männerleben, wie bereits sein Vater. Er ist verheiratet mit einer zu ihm ›passenden‹ Frau, die er nicht begehrt und die ihn sowieso mehr oder weniger gleichgültig läßt. Sein Arbeitsplatz wird zum eigentlichen ›Zuhause‹. Dort findet er Anerkennung und erlebt Zugehörigkeit zu einer Gemeinschaft. Seine kleine Tochter bestätigt ihn zusätzlich in dieser Männerrolle: er hat, neben seiner Befriedigung und Bestätigung in der Arbeit, ›Weib und Kind‹, wie es sich für einen ›richtigen‹ Mann gehört. Manfred hat das Impotenzprogramm seines Vaters gänzlich übernommen. Wohl hat er (noch) keine Freundin, er erlaubt sich aber durchaus kleine sexuelle Freuden. Dabei bevorzugt er Liebesdienste gegen Bezahlung − sie verpflichten ihn zu nichts, zudem bleibt er in sicherer, emotionsloser Distanz. Seine Perversionsängste und Schuldgefühle wegen seinem lustvollen Onanieren bauen sich ab − Manfred ›darf‹ sich endlich als ›glücklicher‹ Mann fühlen. Seine Vaterschaft vermittelte ihm die dazu benötigte Berechtigung, er genügt den männlichen Rollenansprüchen.

Barbaras Scheidungswunsch dürfte ihm im Grunde genommen eine Erleichterung bedeuten. Er kann jetzt vollständig damit aufhören, sich um etwas zu bemühen, was er nie empfand. Zudem kam die Trennungsinitiative von seiner Frau – damit steht Manfred auch gesellschaftlich bestens da. Er wird bemitleidet werden, die Umwelt wird ihm bestätigen, wie wenig Verständnis und Geduld Frauen für die Arbeitsintensität ihrer Männer aufbringen, er wird von allen Seiten eingeladen und getröstet werden ... Manfred hätte sich von sich aus natürlich nie scheiden lassen – er hatte ja alles, was er meinte zu wünschen, genau wie damals sein Vater.

Wir können nicht ermessen, welche innere Energie es Manfred gekostet haben muß, die lebensstrotzenden, sinnenfreudigen, gesunden Momente mit Anna zu verdrängen. Es bleibt nur die Tatsache, daß Manfred nicht die Kraft hatte, sich gegen die väterliche Kastration aufzulehnen – er konnte sie ja nicht einmal erkennen. Er hat seine Arbeit – das einzig Gute, das ihm sein Vater aufzwang. Vielleicht wäre er als Künstler weniger erfolgreich geworden denn als Chemiker ... aber sicher glücklicher – mit irgendeiner Anna als Gefährtin. Doch von einem ›Mann‹ erwarten der Vater und die Umwelt etwas anderes! Seine Gefühle, sein Glück sind weniger gefragt als seine Leistung und sein Erfolg. Der Krebstod seiner Mutter bedeutet ihm von daher wenig. Die mütterlichen Werte sind für Manfred sowieso schon längst tot. Er hat seine Gefühlswelt und seine Kreativität dem väterlichen Kastrationsprogramm geopfert, das aus ihm ein vollwertiges Mitglied einer patristischen Gesellschaft machte.

Barbara

Ich war schon als junges Mädchen in Manfred verliebt. Er wirkte immer so überlegen, dabei aber freundlich und zuvorkommend. Ich mochte sein ständiges, leicht amüsiert-überhebliches Lächeln. Er war sooo umschwärmt und begehrt, die Mädchen erzählten die tollsten Geschichten über ihn. Mich beachtete er fast nicht; zumindest glaube ich nicht, daß er jemals bemerkte, wie speziell hübsch ich mich immer kleidete für ihn. Er blieb stets gleichmäßig höflich und nett zu mir. Ich hätte ihn erwürgen können. Als er nach Brasilien ging, war ich völlig verzweifelt. Ich ließ mich auf eine drittklassige Liebesgeschichte ein, wurde entjungfert und damit ernüchtert. Männer waren grob und rücksichtslos − keineswegs entsprachen sie meinen romantischen Phantasien. Nur Manfred war anders, dessen war ich mir sicher. Als er früher als erwartet zurückkam, machte ich aus meiner Zuneigung keinen Hehl mehr. Zum Glück wurde ich tatkräftig von seinen und meinen Eltern unterstützt. Manfred hatte eine Art, mich anzuschauen − es lag etwas wie eine sexuelle Botschaft in seinen Blicken, die regelmäßig bewirkte, daß meine Knie weich wurden und mein Herz wie verrückt zu pochen begann.

Meine Eltern begrüßten es sehr, daß Manfred zuerst sein Studium beenden wollte, bevor wir heirateten. Anscheinend glaubte er, ich sei noch Jungfrau. Immer, wenn wir uns zu nahe kamen, fand er einen Grund, um schleunigst wieder Distanz herzustellen. Ich dachte, er habe Angst davor, die Beherrschung zu verlieren und mich damit zu erschrecken. Ich ging viel aus und ließ mir den Hof machen. Mein sexuelles Abenteuer wiederholte ich nie. Ich habe fast zwölf Jahre auf Manfred gewartet.

Als es endlich soweit war, als ich am Arm meines Vaters in die Kirche ging, Schritt für Schritt Manfred entgegen, da war ich *die Braut*. Ja, sang es in mir, ja, jubilierten alle meine Sinne, ich will dein sein ...

Es dauerte keine vierundzwanzig Stunden und ich merkte, daß ich einen mir völlig fremden Mann liebte. Ich schwor mir, Geduld zu haben, ich kämpfte gegen Enttäuschung, Wut und Frust. Vor allem schien ihm seine Impotenz wenig auszumachen. Ich dagegen starb tausend Tode. War ich so eine abschreckende Frau, fehlte es mir an Erotik, an sinnlicher Ausstrahlung? Ich ging zum Arzt, zu einer Psychologin, ich sprach mit einer sehr guten Freundin, alle bestätigten mir, daß ich zwar attraktiv sei, aber zu wenig Selbstvertrauen hätte. Nun, meine Ehe wurde dadurch nicht besser – Manfred wollte mich nicht, begehrte mich nicht.

Ich begann ihn zu verdächtigen, eine Freundin zu haben. Ich durchsuchte seinen Schreibtisch, seine Schubladen. Zuunterst in einem Korrespondenzfach fand ich dutzendweise Farbfotos von Frauen in obszönen Stellungen. Es war gräßlich. Ich mußte mich hinsetzen und weinen, so sehr hatte ich den Eindruck, völlig versagt zu haben in meiner Ehe. Mein Mann mußte sich mit solchen Schweinereien abreagieren, trösten. Etwas stimmte nicht mit mir! Und am selben Abend eröffnete er mir, daß er die Scheidung wünsche. Ich war zerstört, nur noch eine einzige, große Wunde. Ich schrie, heulte und bettelte ... ich beschwor Manfred, mich nicht zu verlassen. Und plötzlich war er über mir ... es war furchtbar! Manfred, *mein* Manfred, nicht besser als jeder andere Rohling! Ich hatte ihn jahrelang idealisiert, bewundert – dabei war er genauso primitiv und nur auf sein Vergnügen bedacht wie der Kerl, von dem ich mich hatte entjungfern lassen.

Etwas in mir wurde eiskalt, ich begann mir einerseits die Scheidung zu überlegen. Dann entdeckte ich, daß ich schwanger war. Geschwängert von dieser brutalen Bestie, von dem Mann, den ich einmal bis zum Selbstvergessen geliebt hatte, und der mich beinahe vernichtete. Manfred beschwor mich, nicht unser Kind für seine Unbeherrschtheit büßen zu lassen, ich dürfe auf keinen Fall abtreiben. Ich gab ihm recht. Innerlich schwor ich mir, ihn zu verlassen, sobald unser Kind alt genug sei, um eine Trennung möglichst ohne Schaden überstehen zu können.

Trotzdem er seine Potenz wiederfand an jenem schrecklichen Abend, hat sich Manfred mir sexuell nicht mehr genähert. Ich glaube, er realisierte, daß er meine Liebe auf einen Schlag vernichtet hatte, vermutlich schämte er sich auch. Wir lebten acht Jahre wie Bruder und Schwester — nein, doch nicht. Wirklich nahe kamen wir uns nie mehr. Es wurde eine distanziert-freundliche Beziehung, völlig auf das Wohl des Kindes ausgerichtet. Manfred ist total vernarrt in seine Tochter — er ist ein ausgezeichneter Vater. Wenigstens das! Er hat vermutlich eine Unmenge Frauen gehabt während unserer Ehe, es war und ist mir völlig gleichgültig — seit jenem Abend. Zu all dem körperlichen Schmerz, den er mir damals zufügte, gesellte sich noch die Demütigung, daß er ständig: »Anna, Anna ...« vor sich hinstöhnte. Ich wollte, ich könnte diese Erinnerung auslöschen. Vielleicht könnte ich dann Manfred freundschaftlicher gegenübertreten.

Ich habe ihn angelogen, als ich sagte, es gäbe keinen anderen Mann in meinem Leben. Seit bald vier Jahren habe ich ein Verhältnis mit seinem Cousin Wolfgang. Er ist außerordentlich zärtlich und rücksichtsvoll als Liebhaber. Ich habe mich in der körperlichen Liebe entdeckt. Wolfgang ist so, wie ich mir damals Manfred vorstellte.

An den Mann

Verstehen Sie Barbara? Schon als Mädchen erschien ihr Manfred als die Verkörperung aller Träume — als ihr Märchenprinz. In ihren Augen war er etwas ganz Besonderes, völlig anders als alle anderen. Manfreds unverbindliche Freundlichkeit ermöglichte ihr die Idealmann-Phantasien, die sie mit ihm verband, immer wieder auszuspinnen. Barbara lebte fast ausschließlich in einer romantischen Scheinwelt, die nicht einmal durch sichtliche Gleichgültigkeit ihrem Körper gegenüber erschüttert werden konnte. ›Ihr‹ Manfred ist ein Märchenprinz, die Verkörperung all ihrer jungmädchenhaften Phantasien. Sie ist derart in ihrer Traumwelt befangen, daß sie 12 Jahre (!) auf einen Mann wartet, der ihre körperliche Nähe meidet. Der Hochzeitstag bedeutet für Barbara die Erfüllung ihrer realitätsfremden Sehnsüchte. Die Schilderung ihrer Empfindungen in der Kirche grenzen ans hysterisch Verzückte und wirken wie Phrasen aus einem schwülstigen Liebesroman.

Was ist die Wurzel von Barbaras fehlender Einsicht, von ihrem falsch verstandenen Männerbild? Vor allem: wie konnte sie Manfreds abweisende Haltung ihr gegenüber derart falsch interpretieren? Wie kann sie die Tatsache verdrängen, daß ein sie begehrender Mann sicher nicht jahrelang einen Bogen um sie machen würde, mit der Erklärung, ›er müsse zuerst sein Studium beenden‹. Nun — wir wissen wenig über Barbaras Familie. Barbaras Aussage, wie sehr ihre Eltern Manfred als zukünftigen Schwiegersohn begrüßten, dürfte jedoch genügen, um Barbaras Träume zu verstehen. Sie scheint von ihren

Eltern in ihren romantischen Phantasien unterstützt zu werden. Von daher wird es auch erklärlich, daß Barbara keinen Klarblick für ihre Situation entwickeln konnte. Niemand wies sie darauf hin, daß zwischen Manfred und ihr keine eigentliche Beziehung bestand. Barbara wirkt unreif und realitätsfremd. Sie scheint ihre eigene Weiblichkeit, ihre Ansprüche als Frau völlig zu verdrängen. Gesundes Ich-Gefühl läßt sich aber nicht wegschieben. Von daher können wir darauf schließen, daß Barbara eine ›kastrierte‹ Frau ist, also eine Frau, die ihren Körper und seine sexuellen Wünsche nicht spüren darf (siehe das Buch ›Die böse Mutter‹).

Eigentlich ›paßten‹ Barbara und Manfred ganz gut zusammen ... Sie stagnieren in einer ichbefangenen Phantasiewelt, da beide von ihrer Erziehung her nicht in der Lage sind, Gefühle ernst zu nehmen und ihr Leben dementsprechend zu gestalten. Manfred konnte wenigstens in seiner Berufswelt ein Stück bestätigende Realität erleben – Barbara hingegen war völlig auf ihn angewiesen und von ihm abhängig. Ohne Manfreds Zuwendung vermeint Barbara nicht leben zu können. Sie braucht ihn als Bestätigung, als Publikum, als Beweis dafür, daß sie begehrenswert und attraktiv ist. Mit anderen Worten: Barbara hat zu wenig Selbstbewußtsein, also zu wenig Eigensubstanz, zu wenig Gewicht. Sie braucht einen Mann zur eigenen Wertsteigerung. Dadurch konnte sie Manfred natürlich nicht als den Mann erkennen, der er ist. Manfred *muß* ein Supermann sein und bleiben. Er dient ja in erster Linie dazu, ihre eigene Verunsicherung zu kompensieren.

Barbaras Erwartungen an Manfred sind dementsprechend uferlos und überfordernd. Endlich, endlich hat sie ihren Märchenprinzen – nach zwölf geduldigen, phantasiedurchtränkten Jahren. Wolfgangs Polterabend-Episode dient ihr nicht als Warnung, sie lacht nur. Auch die Hochzeitsnacht, in der Manfreds Gleichgültigkeit ihrem Körper gegenüber klar zum Tragen kommt, bringt sie der Realität keine Spur näher. Sie ist nur verzweifelt, ihn so wenig zu kennen. Der Märchenprinz muß auf dem Sockel bleiben — es ist sicher alles nur ihre Schuld. Ihre Ich-Verunsicherung wird immer deutlicher. Selbst das Auffinden der Pornobilder zeigt ihr nichts — wieder bezieht sie alles nur auf sich. Sie ist genau wie Manfred unfähig, andere Menschen so wahrnehmen zu können, wie sie tatsächlich sind. Alles dreht sich um ihre Rollenbild-verhafteten Empfindungen und Erwartungen. Manfred sollte nicht nur von außerordentlicher Männlichkeit sein, er ist sicher auch feinfühlig, zärtlich, respektvoll, zuwendend, verständnisvoll, bewundernd ... eben wie ein Märchenprinz! Nirgendwo bleibt eine Lücke, die ein klärendes Gespräch, eventuell eine Auseinandersetzung ermöglichen könnte. Die Basis für einen Beziehungsaufbau fehlt völlig und wird auch keinesfalls angestrebt.

Nicht Manfreds sexuelle Brutalität versetzte Barbara einen Schock. Sie hätte mit größter Sicherheit eine Erklärung auch dafür gefunden. Und sei es die, daß der arme Mann seine Sexualität so lange aufgestaut hatte ... natürlich muß es dann zu einer gewaltigen Entladung kommen ... Barbaras Wut, ihre Enttäuschung und Aggression entstand aber, weil Manfred Annas Namen stöhnte, den Namen einer anderen Frau, einer Rivalin. *Dafür* kann Barbara keine befriedigende Erklärung konstruieren. Sie fühlt sich hintergangen und betrogen. Ihr Märchenprinz, ihr Phantasiegebilde liegt in tausend Scherben. Das kann sie Manfred nicht verzeihen!

Ihr Pflichtbewußtsein als Mutter läßt sie noch jahrelang in der Rolle der zufriedenen Ehefrau verharren, ihre eigenen Bedürfnisse kaum wahrnehmend. Es ist anzunehmen, daß auch dieses Verhalten mütterliche Werte spiegelt, die Barbara anerzogen wurden. Aber Barbara entwickelt sich keineswegs in all diesen Jahren. Wir erfahren nichts über eine Änderung in ihrem Selbstbewußtsein. Einzig, daß Barbara die zerbrochene Märchenprinzfigur Manfred mit der von Wolfgang ersetzte. Weil es mit Wolfgang sexuell klappte, ist er jetzt zum Ideal-Mann avanciert. Wehe, er fällt im Alltag aus der von Barbara erwarteten Männerrolle ... Barbara würde es ihm ebenso wenig verzeihen wie schon Manfred.

Genau wie Manfred müßte Barbara erkennen, wie wenig sie über sich selbst weiß, wie sehr sie in leblosen, unrealistischen Rollenbildern lebt, wie sehr sie einem anerzogenen Programm folgt. Sie läuft Gefahr, ein Leben lang von Menschen – vor allem Männern – enttäuscht und verletzt zu werden, weil sie nicht so sind, wie sie es von ihnen erwartet. Barbara muß einsehen, daß das, was sie als Stärke bei einem Mann versteht, oft nichts anderes ist als Distanz, bedingt durch Gefühlskargheit. Erst durch ihre wachsende Eigenständigkeit wird sie einem Mann genügend Zeit und Raum lassen können, damit er sich aus seinem gefühlsbeschneidenden Programm heraus entwickeln kann.

Hätte es eine Chance gegeben für die Beziehung von Manfred und Barbara? Wohl kaum. Beide hätten ja den Ansatz finden müssen, einander als Menschen und nicht als verkörperte Rollenbilder zu begegnen. – Beide hätten Kommunikationsmöglichkeiten entwickeln, sich also auch verletzenden Wahrheiten aussetzen müssen. Es schien aber beiden einfacher, in ihren jeweiligen Erziehungsprogrammen zu verharren und keine Initiative für die Beziehung zu entwickeln. Zwei Menschen, die dazu verdammt scheinen, immer wieder dieselben Beziehungsfehler zu machen!

Nun, dem muß nicht so sein. Doch bedingt es harte Selbstarbeit, sich aus unpassenden, anerzogenen Werten herauszulösen. Das Resultat davon wäre aber nicht nur verstärktes Selbstvertrauen, sondern auch die Möglichkeit, eine Beziehung befriedigender, interessanter, attraktiver und erfüllender zu gestalten!

Vergessen Sie nicht: eine Beziehung wird immer das spiegeln, was die Beteiligten investierten. Zögern Sie also nicht, sich selbst zu investieren und scheuen Sie auch keine konstruktiven Auseinandersetzungen.

Schlußwort an den Mann

Jetzt haben Sie sich irgend etwas Schönes verdient! Es war sicher nicht immer leicht und einfach verständlich für Sie, all dieses Konzentrat über männliche Kastration durchzuarbeiten.

Wenn Ihnen gewisse Stellen noch unverständlich sind: nehmen Sie einen Rotstift zur Hand und streichen Sie die betreffenden Abschnitte an. Blättern Sie dann zu einem anderen Kapitel − unter Umständen finden Sie dort dasselbe Thema wieder, aber in einem anderen Zusammenhang und von daher verständlicher. Beachten Sie vielleicht auch die Literaturliste. Sie zeigt Ihnen Möglichkeiten, sich zusätzlich in die Geschichte des Mannes (und der Frau) einzulesen.

Sollte Ihr Interesse an der Struktur Ihrer eigenen Beziehung wachgerufen worden sein, so finden Sie auf den nächsten Seiten einen Fragebogen für eine Partnerschaftsanalyse. Lassen Sie sich durch die einfach wirkenden Fragen nicht beirren − das Raster deckt Ihre gesamte Partnerschaftsthematik ab.

Zum Abschluß möchte ich mich noch bei Ihnen für Ihr Interesse bedanken. Ich hoffe, dieses Buch konnte Ihren Blick für Zusammenhänge in der Mann-Frau-Beziehung schärfen und Ihr Verständnis für die umstrittene Männer-Rolle verstärken.

Catherine Herriger

Literaturverzeichnis

Bachofen, Johann Jakob: *Das Mutterrecht*. Frankfurt am Main 1975

Berne, Eric: *Spiele der Erwachsenen*. Reinbek bei Hamburg 1980

Borneman, Ernest: *Das Patriarchat*. Zürich 1979

Boss, Medard: *Sinn und Gehalt der sexuellen Perversionen*. Bern 1952

Bühler, Charlotte: *Psychologie im Leben unserer Zeit*. München/Zürich 1962

Childe, V. G.: *Man Makes Himself*. London 1936

Cole, S.: *The Neolithic Revolution*. London 1967

Cooper, David: *Der Tod der Familie*. Reinbek bei Hamburg 1972

Dessai, Elisabeth: *Hat der Mann versagt?* Reinbek bei Hamburg 1972

Dreikurs, Rudolf: *Grundbegriffe der Individualpsychologie*. Stuttgart 1969

French, Marilyn: *Jenseits der Macht*. Reinbek bei Hamburg 1985

Freud, Sigmund: *Jenseits des Lustprinzips*. Wien/Leipzig 1921

Freud, Sigmund: *Hysterie und Angst*. Zürich 1971

Freud, Sigmund: *Sexualleben*. Zürich 1972

Freud, Sigmund: *Zwang, Paranoia und Perversion*. Zürich 1973

Freud, Sigmund: *Fragen der Gesellschaft/Ursprünge der Religion*. Zürich 1974

Freud, Sigmund: *Psychologie des Unbewußten*. Zürich 1975

Friedan, Betty: *Der Weiblichkeitswahn oder Die Selbstbefriedigung der Frau*. Reinbek bei Hamburg 1970

Fromm, Erich: *Haben oder Sein*. Zürich 1978

Fromm, Erich: *Anatomie der menschlichen Destruktivität*. Reinbek bei Hamburg 1980

Gans, Grobian: *Die Ducks*. Reinbek bei Hamburg 1972

Giese, Hans: *Die Sexualität des Menschen*. Stuttgart 1955

Graber, Dr. Gustav Hans: *Zeugung, Geburt und Tod*. Augsburg o. J.

Green, Maureen: *Die Vater-Rolle*. Zürich 1978

Groddeck, Georg: *Krankheit als Symbol*. Frankfurt am Main 1984

Groddeck, Georg: *Verdrängen und heilen*. München 1974

Groddeck, Georg: *Das Buch vom Es*. Frankfurt am Main 1984

Groddeck, Georg: *Der Mensch als Symbol*. München 1976

Hage, Heide: *Frauen nach der Scheidung.* Frankfurt am Main 1979

Heinz-Mohr, Gerd: *Lexikon der Symbole.* Düsseldorf/ Köln 1981

Herriger, Catherine: *Emanzipation des Mannes.* Zürich 1976, unveröffentlichte Diplomarbeit

Herriger, Catherine: *Die böse Mutter.* München 1989

Hesse, Hermann/Mann, Thomas: *Briefwechsel.* Frankfurt am Main 1984

Jacobi, Jolande: *Die Psychologie von C. G. Jung.* Zürich 1971

Jung, C. G.: *Der Mensch und seine Symbole.* Olten 1968

Kaufmann, Harry: *Die Erforschung menschlichen Verhaltens.* Stuttgart 1970

Kinsey, Alfred C.: *Sexual Behavior in the Human Male.* Philadelphia/London 1948

König, René: *Die Familie der Gegenwart.* München 1977

Krüll, Marianne: *Freud und sein Vater.* München 1979

Lorenz, Konrad: *Über tierisches und menschliches Verhalten.* Frankfurt/Wien/Zürich 1967

Malinowski, Bronislaw: *The Father in Primitive Psychology.* London 1927

Mead, Margaret: *Jugend und Sexualität in primitiven Gesellschaften,* Band 1. München 1970

Mead, Margaret: *Jugend und Sexualität in primitiven Gesellschaften,* Band 2. München 1970

Mellaart, J.: *Catal Hüyük*. New York 1967

Menschik, Jutta: *Feminismus*. Köln 1977

Morris, Desmond: *Der Menschen-Zoo*. München/Zürich 1969

Müller/Pilgrim/Pros/Rösch: *Männerbilder*. München 1978

Neumann, Erich: *Zur Psychologie des Weiblichen*. Frankfurt am Main 1983

Neumann, Erich: *Die große Mutter*. Olten 1974

Ortega Y Gasset, José: *Meditationen über die Jagd*. Stuttgart 1966

Perls, Frederick S.: *Das Ich, der Hunger und die Aggression*. München 1989

Pilgrim, Volker Elis: *Manifest für den freien Mann*. Reinbek bei Hamburg 1983

Plack, Arno: *Die Gesellschaft und das Böse*. München 1971

Plack, Arno: *Ohne Lüge Leben*. Stuttgart 1976

Reich, Wilhelm: *Charakteranalyse*. Frankfurt am Main 1973

Schatzman, Morton: *Die Angst vor dem Vater*. Reinbek bei Hamburg 1978

Schelsky, Helmut: *Soziologie der Sexualität*. Hamburg 1977

Schwarzer, Alice: *Der ›kleine Unterschied‹ und seine großen Folgen*. Frankfurt am Main 1975

Shaw, Bernard: *Man and Superman.* Edinburgh 1959

Shorter, Edward: *Die Geburt der modernen Familie.* Reinbek bei Hamburg

Szondi, L.: *Freiheit und Zwang im Schicksal des Einzelnen.* Zürich 1968

Theweleit, Klaus: *Männerphantasien,* 2 Bde. Frankfurt am Main 1977

Treppenhauer, Andreas: *Emanzipatorische Psychologie.* Frankfurt/New York 1976

Von Canitz, Hanne-Lore: *Väter.* Frankfurt/Berlin/Wien 1982

Woodthli, Susanna: *Gleichberechtigung.* Frauenfeld 1975

Wunderlich, H. G.: *Die Steinzeit ist noch nicht zu Ende.* Reinbeck bei Hamburg 1977

HEYNE SACHBUCH

**Große Autoren
und ihre
Sachbuch-Klassiker**

FREDERIC
VESTER
Leitmotiv
vernetztes
Denken

Für einen
besseren
Umgang mit
der Welt

Erstmals im
Taschenbuch

19/109

Horst-Eberhard
Richter
Die hohe Kunst der
Korruption

Erkenntnisse
eines
Politik-Beraters

19/158

Erwin Wickert
DER FREMDE
OSTEN
China und Japan gestern
und heute

Erstmals im Taschenbuch –
erweitert und aktualisiert

19/102

Lois Fisher-Ruge
Meine
armenischen
Kinder

19/155

PETER
SCHOLL-LATOUR
Der Ritt auf
dem Drachen

Indochina –
von der
französischen
Kolonialzeit
bis heute

Erstmals im Taschenbuch

19/98

KARLHEINZ DESCHNER
DAS KREUZ
MIT DER
KIRCHE
EINE SEXUALGESCHICHTE
DES CHRISTENTUMS

12., erweiterte und aktualisierte Neuausgabe

19/16

EUGEN
KOGON
DER
SS-STAAT

DAS SYSTEM
DER DEUTSCHEN
KONZENTRATIONS-
LAGER

19/9

Robert Jungk
Norbert R. Müllert
Zukunfts
werk
stätten

Mit Phantasie
gegen Routine und
Resignation

19/73

Wilhelm Heyne Verlag München